60일 만에 끝내는

핵심
영한 단어

신지승 지음

초판 인쇄 | 2017년 3월 25일
초판 발행 | 2017년 4월 03일
지은이 | 신지승
펴낸곳 | 좋은친구 출판사
펴낸이 | 조병욱
디자인 | 디자인 감7
등록번호 | 제2016-9호
주소 | 서울특별시 도봉구 시루봉로 192-6
전화 | 070-8182-1779 **팩스** | 02-6937-1195
E-mail | friendbooks@naver.com

ISBN 979-11-957808-4-6   13740

값 11,000원

✽ 잘못 만들어진 책은 구입처에서 교환해 드립니다.

"60일 만에 끝내는 핵심 영한단어"는
방대한 영어단어의 양과 다양한 의미 앞에 부담과 혼란을
느끼는 분들을 위하여 가장 많이 사용하는
영단어 1800자를 엄선 하였고 단어의 의미는
가급적 가장 자주 사용하는 것만을 수록하려 노력하였습니다.
또한 "60일 만에 끝내는 핵심 영한단어"는
60일 만에 한 번 끝낼 수 있도록 구성을 하여
영어단어에 도전하는 분들이 하루하루
성취감을 가지고 공부할 수 있게 하였습니다.

이 책의 구성과 특징

1. 엄선된 단어와 엄선된 의미

각종 지문에서 가장 많이 사용되는 단어를 엄선하였고 또한 가장 자주 사용되는 단어의 의미만을 수록하려고 노력하였습니다.

2. 익숙하지만 다양하게 사용되는 단어추가

book은 우리 모두가 알고 있듯이 '책'이라는 뜻이지만 "예약하다."라는 뜻으로도 사용됩니다. 이렇게 쉽고, 익숙한 단어 중에 여러 가지 뜻으로 사용되어 혼란을 일으키는 단어 100여개를 선별하여 정리하였습니다.

3. 비슷해서 혼동하기 쉬운 단어 비교

vocation은 본업, 천직이라는 뜻이지만 vacation은 휴가라는 뜻입니다. 이 처럼 영어의 철자가 비슷하여 계속 우리를 혼란시키는 단어들이 있습니다. 이를 따로 정리하였습니다.

4. 60일 완성을 위한 구성

영어단어공부의 성패를 좌우하는 가장 중요한 것은 구체적인 성취감입니다. 영어단어공부의 의욕을 유지하기 위하여 60일에 한 번 끝낼 수 있도록 구성하였습니다. 또한 3일 분량이 끝날 때마다 check up, speed test를 배치하여 그 동안 익힌 것을 점검할 수 있도록 하였습니다.

5. 파생어, 유의어, 반의어

decide는 결정하다. 라는 동사 이고 decision은 결정, 결심 이라는 명사 이고 decisive는 결정적인 이라는 형용사입니다. 이처럼 단어이 중요 파생어를 힘께 넣었고 중요한 유의어, 반의어가 있는 경우에는 이 또한 수록하여 도움이 되도록 하였습니다.

6. 짧지만 강렬한 예문

짧고 쉬우면서도 활용도가 높은 문장이나 필수 숙어를 예문으로 하여 더 기억 속에 잘 남도록 하였습니다.

Contents

1. 가장 많이 사용하는 영단어 • 7

2. 익숙하지만 다양하게 사용되는 영단어 • 321

3. 서로 혼동하기 쉬운 어휘들 • 345

4. Index • 348

가장 많이 사용하는
영단어

1☐ decide
[disáid]
- 동 결정하다, 결심하다(determine)
- 명 decision 결정, 결심   형 decisive 결정적인
- ◆ He has **decided** to be a doctor. 그는 의사가 되기로 결심했다.

2☐ role
[roul]
- 명 역할
- ◆ play an important role in~ ~에 중요한 역할을 하다

3☐ create
[kriéit]
- 동 창조하다 명 creation 창조
- 명 creature 창조물, 생물
- 형 creative 창조적인
- ◆ I had **created** my own Christmas tradition. (수능기출)
  나만의 크리스마스 전통을 창조했다.

4☐ effect
[ifékt]
- 명 효과, 영향, 결과 형 effective 효과적인
- ◆ the harmful effect of noise 소음의 해로운 영향 (수능기출)
- ◆ have an effect on~ ~에 영향을 미치다
- ◆ cause and effect 원인과 결과

5☐ economy
[ikánəmi]
- 명 경제, 절약 명 economics 경제학
- 형 economical 검소한 형 economic 경제의
- ◆ national economy 국가 경제
- ◆ economic growth 경제 성장

6 ☐ **effort**
[éfərt]

- 몡 노력(endeavor)
- ◆ make an effort 노력하다

7 ☐ **consider**
[kənsídər]

- 동 생각하다, 고려하다   명 consideration 숙고, 고려
- 형 considerable 상당한
- 형 considerate 이해심이 많은
- 전 considering ~을 고려하면
- ◆ We are considering buying a new car.
  우리는 새 차를 사는 것을 고려 중이다.
- ◆ a considerable sum of money 상당한 액수의 돈

8 ☐ **discuss**
[diskʌ́s]

- 동 토의(논의)하다 명 discussion 토의, 논의
- ◆ We discussed what we should do after graduation.
  우리는 졸업 후에 무엇을 할 것인지에 대해서 논의 했다.

9 ☐ **develop**
[divéləp]

- 동 발달(개발)하다, 필름을 현상하다   명 development
- ◆ developed country (이미 개발된 국가) → 선진국
- ◆ developing country (개발 중인 국가) → 개발 도상국
- ◆ develop a roll of film 필름 한 통을 현상하다

10 ☐ **relax**
[rilǽks]

- 동 쉬다, 긴장을 완화하다
- 형 relaxed 휴식을 취한, 느슨한
- 명 relaxation 휴식, 이완
- ◆ Just relax and enjoy the movie.
  긴장을 풀고(편하게) 영화를 즐기세요.

11☐ **expression** 몡 표현, 표정 동 express 표현하다, 나타내다
[ikspréʃən]   혱 expressive 표현하는
◆ freedom of expression 표현의 자유

12☐ **protect** 동 보호하다 명 protection 보호
[prətékt]   형 protective 보호하는
◆ protect the environment 환경을 보호하다

13☐ **improve** 동 개선하다, 향상시키다 명 improvement 개선, 향상
[imprúːv]   ◆ I want to improve my English.
나는 영어 실력을 향상시키고 싶다.

14☐ **limit** 명 한계, 제한 동 제한(한정)하다
[límit]   ◆ speed limit 제한 속도

15☐ **employ** 동 고용하다(hire)
[implɔ́i]   명 employment 고용
명 employer 고용주 (↔ employee 고용인)
◆ They employed him as a clerk.
그들은 그를 사무원으로 고용했다.

16☐ **culture** 명 문화, 교양 형 cultural 문화적인
[kʌ́ltʃər]   ◆ growing interest in korean culture 수능기출
한국 문화에 대한 증가하는 관심

17☐ **depressed**
[diprést]
- 형 우울한, 낙담한, 불경기의
- 동 depress 우울하게 하다, 낙담시키다
- 명 depression 불경기, 의기소침
- ◆ What's wrong? You look depressed today.
  무슨 일이야? 오늘 우울해 보인다.
- ◆ a depressed market 침체된 시장

18☐ **depend**
[dipénd]
- 동 의존하다, ~에 달려있다(on)
- 형 dependent 의존적인 (↔ independent 독립적인)
- 명 dependence 의존 (↔ independence 독립)
- ◆ Much depends on you. 많은 일이 너 자신에 달려있다.
- ◆ Children depend on their parents.
  아이들은 부모에게 의존한다.

19☐ **require**
[rikwáiər]
- 동 요구하다, 필요로 하다
- 명 requirement 요구
- ◆ Today's world requires specialists, not generalists. 수능기출
  오늘날 세계는 만능인이 아닌 전문가를 요구한다.
- ◆ He requries medical care. 그는 치료를 받아야 한다.

20☐ **realize**
[ríːəlàiz]
- 동 깨닫다, 실현하다
- 명 reality 현실
- 명 realization 실현
- ◆ realize one's own danger 자신의 위험을 깨닫다
- ◆ realize the dreams 꿈을 실현하다

21□ **avoid** 동 피하다
[əvɔ́id]
- ◆ **avoid** bad company 나쁜 친구를 피하다
- ◆ I could not **avoid** say**ing** so.
  그렇게 말하지 않을 수 없었다.

22□ **knowledge** 명 지식
[nάlidʒ]
- ◆ You know it because you use your background **knowledge** 수능기출
  당신은 배경 지식을 이용했기 때문에 그 답을 아는 것이다.

23□ **remain** 동 ~인 채로 남아있다 명 (pl) 유적, 유물
[riméin]
- ◆ Their goals often **remain** unfocused. 수능기출
  그들의 목표는 흔히 흐지부지된 채 남아 있다.

24□ **public** 형 공공의, 공적인 명 (the-) 대중
[pʌ́blik]
- ◆ a **public** holiday 공휴일

25□ **according** 부 ~에 따라서(to) 부 accordingly 그에 따라
[əkɔ́:rdiŋ]
- ◆ **according to** the news 뉴스에 따르면

26□ **advise** 동 조언하다, 충고하다
[ədváiz]
명 advice 조언, 충고
명 adviser(advisor) 조언자
- ◆ I **advise** you to be cautious. 조심하도록 충고한다.

27 □ **upset**
[ʌpsét]
- 형 뒤집힌, 기분이 상한 동 ~을 뒤엎다, 망치다
- ◆ She was upset that he had left without saying goodbye.
  그녀는 그가 작별 인사도 없이 떠나서 화가 났다.

28 □ **lonely**
[lóunli]
- 형 외로운, 고독한 명 loneliness 고독

29 □ **instead**
[instéd]
- 부 대신에(instead of)
- ◆ He gave me a check instead of cash.
  그는 나에게 현금 대신 수표를 주었다.

30 □ **recommend**
[rèkəménd]
- 동 추천하다 명 recommendation 추천
- ◆ I recommended him to the firm.
  나는 그를 그 회사에 추천했다.

31 □ **spend**
[spend]
- 동 (spend-spent-spent) 소비하다, (시간을)보내다
- ◆ spend on ~ing ~하는데 (시간, 돈 등을) 소비하다

32 □ **suggest**
[səgdʒést]
- 동 암시하다, 제안하다 명 suggestion 암시, 제의
- ◆ Her words suggest that she loves him.
  그녀의 말은 그녀가 그를 사랑하고 있음을 시사한다.

33 ☐ **appreciate** 동 감사하다, 감상하다 명 appreciation 감사, 감상
[əpríːʃièit]
- ◆ I appreciate your help. 당신의 도움에 감사드립니다.
- ◆ appreciate English poetry 영시를 감상하다

34 ☐ **experience** 명동 경험(하다)
[ikspí(ə)riəns]
- ◆ You may have had this experience 〔수능기출〕
  당신은 이런 경험을 가졌을지 모른다.

35 ☐ **prove** 동 증명(입증)하다, 판명되다(turn out) 명 proof 증거
[pruːv]
- ◆ The report proved false. 그 보도는 거짓으로 드러났다.

36 ☐ **necessary** 형 필요한, 필수적인 명 necessity 필요, 필수품
[nésisèri]
부 necessarily 반드시
- ◆ Moderate exercise is necessary to health.
  적당한 운동은 건강에 필요하다.

37 ☐ **indeed** 부 실로, 정말로(really)
[indíːd]
- ◆ A friend in need is a friend indeed
  필요할 때 친구가 진정한 친구이다.

38 ☐ **influence** 명 영향 동 영향을 미치다(affect)
[ínfluəns]
형 influential 영향력 있는, 유력한
- ◆ have a strong influence on~
  ~에게 강력한 영향을 미치다.

39 □ significant
[signífikənt]
- 형 중요한, 의미 있는 (↔ insignificant 대수롭지 않은)
- 명 significance 중요성, 의의
- ◆ a highly significant discovery 대단히 중요한 발견

40 □ opposite
[ápəzit]
- 형 정반대의, 맞은편의
- 동 oppose 반대하다 명 apposition 반대, 대립
- ◆ the opposite direction 반대 방향
- ◆ the house opposite to ours 우리집의 맞은편 집

41 □ notice
[nóutis]
- 명 주의, 주목, 통지 동 알아차리다(perceive), 주의하다
- 형 noticeable 주목할 만한, 현저한
- 동 notify ~에게 통지하다
- ◆ notice board 게시판

42 □ various
[vɛ́(ə)riəs]
- 형 다양한, 여러가지의(varied) 명 variety 다양성
- 동 vary 변화하다, 바꾸다
- ◆ for various reasons 여러가지 이유로

43 □ emphasis
[émfəsis]
- 명 강조 동 emphasize 강조하다
- ◆ an emphasis on the value of time (수능기출)
  시간의 가치에 대한 강조

44 □ damage
[dǽmidʒ]
- 명동 손해, 손상(을 입히다)(harm, injury)
- ◆ brain damage 뇌 손상

45☐ **allow**   동 허락하다, 인정하다   명 allowance 용돈, 허가
[əláu]   ◆ Smoking is not **allowed** in the car. 차내 금연입니다.

46☐ **increase**   동 증가하다(↔ decrease)   명 [ínkriːs] 증가
[inkríːs]   부 increasingly 점점 더
◆ the **increased** cost of living 늘어난(증가된) 생활비

47☐ **decrease**   동 감소하다(↔ increase)   명 [díkriːs] 감소
[dikríːs]   ◆ **decrease** in value 가치가 떨어지다

48☐ **agree**   동 동의하다(↔ disagree)   명 agreement 동의
[əgríː]   ◆ I don't **agree with** your plan.
너의 계획에 동의할 수 없다.
◆ **agree to** (제의 등에) 찬성하다, 승낙하다

49☐ **complex**   형 복잡한(complicated), 복합의(↔ simple 단순한)
[kəmpléks]   명 콤플렉스   명 complexity 복잡(성)
◆ a **complex** problem 복잡한 문제
◆ a **complex** tone 복합음

50☐ **communicate**   동 의사소통하다   명 communication 통신, 교통
[kəmjúːnikèit]   형 communicable 전달할 수 있는, 전염성의
◆ We only **communicate** by e-mail.
우리는 이메일로만 소통한다.

51 □ **nervous** 　　　 ⑱ 신경질적인, 초조한　⑲ nerve 신경
　　[nə́ːrvəs]
◆ I felt really nervous before the interview.
면접 보기전에 정말 초조했다.

52 □ **stimulate** 　　 ⑱ 자극하다　⑲ stimulation 자극
　　[stímjulèit]
◆ High wages stimulated the national economy.
높은 임금이 국가 경제를 자극했다.

53 □ **continue** 　　 ⑱ 계속되다
　　[kəntínju(ː)]　　 ⑲ continuous(continual) 계속되는, 끊임없는
◆ His speech continued an hour.
그의 연설은 한 시간 동안 계속되었다.

54 □ **include** 　　 ⑱ 포함하다(contain)(↔ exclude 제외하다)
　　[inklúːd]　　　 ⑲ inclusion 포함, 함유물
　　　　　　　　 ㉠ including~을 포함하여
◆ There are six of us including me in the house.
집에는 나까지 포함해서 6명이 있다.

55 □ **situation** 　　 ⑲ 상황, 위치　⑱ situated 위치하고 있는
　　[sìtʃuéiʃ(ə)n]
◆ be in a difficult situation   어려운 상황에 처하다

56 □ **essential** 　　 ⑱ 본질적인, 필수적인　⑲ essence 본질, 핵심
　　[isénʃəl]
◆ an essential difference   본질적인 차이

57 □ **beside**
[bisáid]

전 ~ 옆에, ~가까이에

부 besides 게다가, 또(moreover, furthermore)

◆ Her house is beside the river.
그녀의 집은 강가에 있다.

◆ **beside oneself** 기분이 좋은, 정신이 없는

58 □ **thought**
[θɔːt]

명 생각, 사고 형 thoughtful 생각이 깊은, 생각에 잠긴

◆ she was thoughtful for a moment.
그녀는 잠시 생각에 잠겼다.

59 □ **ancient**
[éinʃ(ə)nt]

형 고대의(↔ modern 현대의), 먼 옛날의

◆ ancient civilization 고대 문명

◆ in ancient times 먼 옛날에

60 □ **offer**
[ɔ́ːfər]

동 제공(제의)하다 명 제공, 제의

명 offering 제공, 헌금

◆ offer him a job 그에게 일자리를 제공하다

61 □ **disappear**
[dìsəpíər]

동 사라지다(vanish)(↔ appear 나타나다)

명 disappearance 소멸, 실종

◆ The negative effects disappeared 수능기출
그 부정적인 효과가 사라졌다.

62 **surprise**   동 놀라게 하다(astonish)   명 놀람
[sərpráiz]   형 surprising 놀랄 만한
- to one's **surprise** 놀랍게도(surprisingly)

63 **analyze**   동 분석하다   명 analysis 분석
[ǽnəlàiz]   명 analyst 분석가
   형 analytic 분석적인
- Use your experience to **analyze** the situation.
  상황을 분석하기 위해 여러분의 경험을 사용하시오. 수능기출
- a detailed **analysis** 상세한 분석

64 **accept**   동 받아들이다, 수락하다(↔ reject 거절하다)
[æksépt]   명 acceptance 수용, 채용
   형 acceptable 받아들일 수 있는, 만족스러운
- I received but could not **accept** his invitation.
  그의 초대를 받긴 했으나 응할 수 없었다.
- **accept** an apology 사과를 받아들이다

65 **polite**   형 공손한, 예의바른 (↔ impolite 무례한)
[pəláit]   부 politely 공손히
- a **polite** answer 정중한 답변

66 **explain**   동 설명하다   명 explanation 설명
[ikspléin]
- **explain** a process of making paper
  종이의 제조법을 설명하다

67 ☐ appear
[əpíər]

- 동 나타나다(↔disappear 사라지다), ~인 듯하다(seem)
- 명 appearance 출현, 외모
- ◆ A ghostly figure **appeared** on the stage.
  유령같은 모습이 무대에 나타났다.
- ◆ The orange **appears** rotten inside.
  그 귤은 속이 썩은 것 같다.

68 ☐ conduct
[kəndʌ́kt]

- 동 행동하다, 수행하다, 지휘하다
- 명 [kʌ́ndəkt] 행위, 처신, 지도
- 명 conductor 지휘자
- ◆ Behavior is the **conduct** of an organism – the way it acts. 수능기출
  행동은 한 유기체의 행위, 즉 그것이 활동하는 방식이다.

69 ☐ ignore
[ignɔ́ːr]

- 동 무시하다(neglect) 명 ignorance 무지
- 형 ignorant 무지한, 무식한
- ◆ He completely **ignored** their opinions.
  그는 그들의 의견을 완전히 무시했다.
- ◆ **ignorance** of other languages and cultures 수능기출
  다른 언어와 문화에 대한 무지

70 ☐ recognize
[rékəgnàiz]

- 동 인정하다, 알아보다 명 recognition 승인, 인정
- ◆ Even when it is big enough to be **recognized**
  그것이 인지될 만큼 충분히 클 때조차도 수능기출
- ◆ His efforts came to be **recognized** nationwide.
  그의 노력은 전국적으로 인정받게 되었다. 수능기출

71☐ **publish**
[pʌ́bliʃ]
- 동 출판하다, 발표(공표)하다 명 publisher 출판사
- ◆ The novel was first published in 1965.
  그 소설은 1965년에 처음으로 출판되었다.

72☐ **contact**
[kəntkǽt]
- 동 접촉하다, 연락하다
- 명 [kántækt] 접촉, 연락
- ◆ come in contact with ~과 접촉(연락)하다

73☐ **cure**
[kjuər]
- 동 치료하다(heal) 명 치료(법) 형 cureless 불치의
- ◆ cure a patient 환자를 치료하다

74☐ **adapt**
[ədǽpt]
- 동 적응시키다(to) 명 adaptation 적응
- 형 adapted 적합한
- ◆ adapt oneself to a new environment
  새로운 환경에 적응하다

75☐ **advantage**
[ədvǽntidʒ]
- 명 유리, 이익, 이점(↔ disadvantage 불리, 역경)
- 형 advantageous 이익이 있는, 유리한
- ◆ take advantage of ~을 이용하다(utilize)
- ◆ the cultural advantages of a great city
  대도시가 갖는 문화적 이점

76☐ **disease**
[dizíːz]
- 명 질병(illness)
- ◆ a heart disease 심장병

77 □ **regret**
[rigrét]
- 동 후회하다 명 후회, 유감
- 형 regretful 뉘우치는
- ◆ I regret having spent the money.
  나는 그 돈 쓴 것을 후회한다.
- ◆ to one's regret 유감스럽게도

78 □ **involve**
[inválv]
- 동 포함하다, 관련시키다(in)
- 명 involvement 연루, 포함
- ◆ Reading involves a complex form of mental activity. 독서는 복잡한 정신 활동을 포함한다.
- ◆ We got involved in a traffic accident.
  우리는 교통사고에 말려들었다.

79 □ **adopt**
[ədápt]
- 동 채택하다(take up), 양자(양녀)로 삼다
- 명 adoption 채택, 입양
- ◆ an adopted son(daughter) 양자(녀)

80 □ **accuse**
[əkjúːz]
- 동 고발(비난)하다 명 accusation 고발, 비난
- ◆ accuse a person as a murderer
  남을 살인죄로 고발하다
- ◆ the accused (고발당한 사람) → 피고인

81 □ **indiffcrent** 형 무관심한 명 indifference 무관심
[indífərənt]
- ◆ Because of indifference to~ 〔수능기출〕
  ~에 대한 무관심 때문에

23

Check up (1st-3rd day)

1) 다음 영어는 우리말로, 우리말은 영어로 쓰시오.(1-14)

1. decide
2. protect
3. employ
4. recommend
5. various
6. significant
7. communicate
8. 무관심한
9. 노력
10. 지식
11. 경험
12. 영향
13. 문화
14. 질병

2) 다음 빈 칸에 알맞은 단어를 쓰시오.(15-24)

15. freedom of _____ — 표현의 자유
16. _____ country — 개발 도상국
17. a check _____ cash — 현금 대신 수표
18. to one's _____ — 놀랍게도
19. an _____ son — 양자
20. brain _____ — 뇌손상
21. _____ the news — 뉴스에 따르면
22. a public _____ — 공휴일
23. a _____ sum of money — 상당한 액수의 돈
24. in _____ times — 먼 옛날에

Speed Test

abroad	해외로	unpleasant	불쾌한
amuse	즐겁게 하다	reply	대답(응답)하다
severe	심한, 엄격한	irritate	화나게 하다
reveal	~을 드러내다	mistake	실수, 오해하다
distant	먼, 멀리 떨어진	incident	사건(event)
evident	명백한(obvious)	explain	설명하다

정답 1.결정하다 2.보호하다 3.고용하다 4.추천하다 5.여러가지의 6.중요한 7.의사소통하다 8.indifferent 9.effort 10.knowledge 11.experience 12.influence 13.culture 14.disease 15.expression 16.developing 17.instead of 18.surprise 19.adapted 20.damage 21.according to 22.holiday 23.considerable 24.ancient

82☐ **main**
[mein]
- ⑲ 주된, 주요한(principal)
- ⑮ mainly 주로(mostly)
- ◆ the main office 본사, 본점

83☐ **volunteer**
[vɑ̀ləntíər]
- ⑱ 자원봉사자, 지원자 ⑲ 자원하다
- ⑲ voluntary 자발적인
- ◆ a considerable increase in the number of volunteers 수능기출
  자원 봉사자 수의 상당한 증가

84☐ **encounter**
[inkáuntər]
- ⑲ 우연히 만나다(come across)
- ⑱ 뜻밖의 만남, 마주침
- ◆ encounter an old friend on the train
  기차에서 옛 친구를 우연히 만나다

85☐ **crowd**
[kraud]
- ⑱ 군중, 대중 ⑲ 군집하다, 붐비다
- ⑲ crowded 붐비는
- ◆ The store was crowded with shoppers.
  그 가게는 손님들로 붐비고 있었다.

86☐ **bright**
[brait]
- ⑲ 맑은, 빛나는, 영리한(clever)
- ⑲ brighten 빛나게 하다, 밝아지다
- ◆ a bright sunshine 밝은 햇빛

25

87 ☐ disaster
[dizǽstər]

몡 재난, 불행 혱 disastrous 재난의, 불행의
- a natural disaster 천재(天災)
- a disastrous accident 대 참사

88 ☐ familiar
[fəmíljər]

혱 익숙한, 잘 아는, 친밀한(↔unfamiliar)
몡 familiarity 정통, 친함
- a familiar sight 익숙한 풍경
- **be** familiar **with** ~에 정통하다

89 ☐ excessive
[iksésiv]

혱 과도한, 지나친 몡 excess 초과, 과잉
동 exceed 넘다, 능가하다
- excessive charges 과도한 요금
- excess of stress 스트레스 과잉
- Its weight cannot exceed 2000 kilograms. 〔수능기출〕
  그것의 무게는 2000kg을 넘을 수 없다.

90 ☐ throughout
[θru:áut]

젼 ~를 통틀어, ~내내
- throughout the night 밤새도록
- He was famous throughout the country.
  그는 전국적으로 유명했다.

91 ☐ private
[práivit]

혱 개인의, 사적인, 비공식의(↔public 공적인)
몡 privacy 사생활
- in private 사적으로, 남몰래
- a private property 사유 재산

92 □ **prejudice** 명 편견, 선입관
[prédʒudis] ◆ without prejudice 편견없이

93 □ **terrible** 형 무서운(awful), 끔찍한 부 terribly 무섭게
[térəbl] 동 terrify 무섭게 하다
  cf. terrific 굉장한, 훌륭한

94 □ **difference** 명 차이(점) 형 different 다른
[dífərəns] 동 differ 다르다
  ◆ the difference between success and failure 〔수능기출〕
  성공과 실패의 차이

95 □ **crop** 명 농작물, 수확(고) 동 수확하다
[krɑp] ◆ an average crop 평년작, a bad crop 흉작

96 □ **disappointed** 형 실망한, 낙담한(discouraged)
[dìsəpɔ́intid] 동 disappoint 실망시키다 명 disappointment 실망
  ◆ to one's disappointment 실망스럽게도

97 □ **connect** 동 연결하다, 관련시키다
[kənékt] 명 connection 연결, 관계
  형 connective 연결하는, 접속의
  ◆ connect two towns by a railroad
  두 도시를 철도로 연결하다

27

98 □ **treat**
[triːt]
- 동 다루다, 대접하다, 치료하다
- 명 treatment 취급, 대우, 치료
  - ◆ treat a person kindly 남을 친절하게 대우하다
  - ◆ I had my decayed teeth treated.
    나는 충치를 치료받았다.

99 □ **complain**
[kəmpléin]
- 동 불평하다,(고통을)호소하다 명 complaint 불평
  - ◆ complain about high prices
    물가가 비싸다고 불평하다

100 □ **adult**
[ədʌ́lt]
- 명형 성인(의), 어른(의)(grown-up)
  - ◆ an adult movie 성인 영화

101 □ **contribute**
[kəntríbjuːt]
- 동 기여(공헌)하다 명 contribution 기여, 공헌
- 형 contributory 기여(공헌)하는
  - ◆ He contributed greatly to the industrial growth of the town.
    그는 그 도시의 산업 발전에 크게 공헌했다.

102 □ **research**
[risə́ːrtʃ]
- 명동 연구(하다), 조사(하다) 명 researcher 연구자
  - ◆ economic research 경제 연구

103 □ **forgive**
[fərgív]
- 동 용서하다(excuse)
  - ◆ Pray forgive me! 부디 용서를 빕니다!

104☐ **govern**
[gʌ́vərn]
- 동 통치하다, 지배하다
- 명 governor 통치자
- 명 government 정부, 정치
- 형 governmental 정부의
- ◆Without the **government's** support,~ 수능기출
  정부의 지원이 없다면

105☐ **concentrate** 동 집중하다(on)
[kánsəntrèit]
- 명 concentration 집중
- ◆I **concentrated** more on improving my languag ability.
  나는 언어 능력을 향상시키는 데 더 집중하였다. 수능기출
- ◆power of **concentration** 집중력

106☐ **achieve**
[ətʃíːv]
- 동 성취(달성)하다(accomplish)
- 명 achievement 성취, 업적
- ◆**achieve** one's end 목적을 달성하다
- ◆He reached a brilliant **achievement**
  그는 빛나는 업적을 세웠다.

107☐ **identify**
[aidéntifài]
- 동 (동일 물건, 본인이라고)확인하다, 동일시하다
- 명 identity 신원, 정체성
- 명 identification 신분증, 신원확인
- 형 identical 동일한(same)
- ◆**identify** handwriting 필적을 감정하다
- ◆The contents of these books are **identical**
  이 책들의 내용은 동일하다.

29

108 □ **emotion**
[imóuʃən]
- 몡 감정, 정서 몡 emotional 감정적인, 정서적인
- ◆ appeal to the emotion 감정에 호소하다

109 □ **remind**
[rimáind]
- 동 ~에게 상기시키다, 일깨우다
- ◆ Please remind her to call me.
  나에게 전화하는 것을 그녀에게 일러주시오.
- ◆ He reminds me of his brother.
  그를 보니 그의 동생이 생각이 난다.

110 □ **separate**
[sépərèit]
- 동 분리하다(divide) 형 [sépərit] 분리된
- 명 separation 분리, 구분 부 separately 각자
- ◆ separate families (분리된 가족) → 이산 가족
- ◆ Although they had looked attractive separately
  비록 그들이 각자 매력적으로 보였을지라도 수능기출

111 □ **focus**
[fóukəs]
- 명동 초점(을 맞추다), 집중(하다) (on)
- ◆ The discussion focused on three main problems.
  토론은 세 가지 주요 문제에 집중하였다. 수능기출

112 □ **choose**
[tʃu:z]
- 동 (choose-chose-chosen) 고르다, 선택하다
- 명 choice 선택
- ◆ choose between the two 둘 중에서 고르다

113 □ **possible**
[pásəbl]
- 형 가능한(↔impossible 불가능한)
- 명 possibility 가능성
- 부 possibly 아마도(perhaps)
- ◆ if possible 가능하다면
- ◆ Possibly he will recover.
  아마 그는 건강을 회복할 것이다.

114 □ **produce**
[prədjúːs]
- 동 생산하다(↔consume 소비하다)
- 명 product 생산물, 제품 명 production 생산
- 명 producer 생산자, 프로듀서
- 형 productive 생산적인 명 productivity 생산성
- ◆ industrial products 공업 제품

115 □ **relationship**
[riléiʃ(ə)nʃip]
- 명 관계 명 relation 관계, 진술
- 동 relate 관련시키다, 말하다
- ◆ the relationship between age and quality of life
  나이와 삶의 질 사이의 관계 〔수능기출〕

116 □ **instance**
[ínstəns]
- 명 사례(example), 경우
- ◆ for instance 예를 들어 (for example)

117 □ **wonder**
[wʌ́ndər]
- 동 궁금하게 여기다, 놀라다 명 놀라움, 기적(miracle)
- 형 wonderful 놀라운(marvelous), 훌륭한
- ◆ I wonder who that man is.
  저 사람이 누구인지 궁금하다.

118☐ **calm**
[kɑːm]
- ⑱ 고요한(quiet), 차분한   ⑲ 진정시키다
- ◆ a **calm** sea 잔잔한 바다, **Calm** down. 진정 하세요.

119☐ **reduce**
[ridjúːs]
- ⑲ 줄이다, 줄다(decrease)
- ⑱ **reduction** 축소, 감소
- ◆ in order to **reduce** the stress 〔수능기출〕
  스트레스를 줄이기 위해

120☐ **compose**
[kəmpóuz]
- ⑲ 구성하다, 작곡하다   ⑱ **composer** 작곡가
- ⑱ **composition** 구성, 작곡, 작문
- ◆ be **composed of** ~로 구성되다(consist of)
- ◆ **compose** a song 노래를 작곡하다

121☐ **subject**
[sʌ́bdʒikt]
- ⑱ 주제, 과목, 국민   ⑱ 받기 쉬운, 지배를 받는
- ⑱ **subjective** 주관적인(↔objective 객관적인)
- ◆ a **subject** for discussion 논제
- ◆ be **subject** to damage 손해를 보기 쉬운

122☐ **quit**
[kwit]
- ⑲ 그만두다(stop)
- ◆ **quit** smoking 담배를 끊다

123☐ **average**
[ǽvəridʒ]
- ⑱⑱ 평균(의), 보통(의)
- ◆ the **average** number of students per class 〔수능기출〕
  학급당 평균 학생 수

124 individual
[ìndivídʒuəl]
- 명 개인 형 개인의, 개개의
- 명 individualism 개인주의
- 명 individuality 개성
- 부 individually 개별적으로, 각각
- ◆ A society is a network of relationships among **individuals**. (수능기출)
  사회는 개인들간의 관계로 엮어진 하나의 네트워크이다.

125 quality
[kwáliti]
- 명 질, 특성(characteristic)
- ◆ an article of good **quality** 양질의 상품
- ◆ **quality** control 품질 관리

126 quantity
[kwántiti]
- 명 양(amount)
- ◆ Quality matters more than **quantity**.
  질이 양보다 중요하다.

127 competition
[kàmpitíʃən]
- 명 경쟁
- 동 compete 경쟁하다
- 명 competitor 경쟁자
- 형 competent 경쟁력있는, 능력있는
- ◆ **compete** with others in sports (수능기출)
  스포츠에서 남들과 경쟁하다

128 suffer
[sʌ́fər]
- 동 ~로 괴로워하다, 고생하다(from)
- ◆ **suffer from** a bad headache 심한 두통을 앓다

33

129 □ **behavior**
[bihéivjər]
- 명 행동(act), 태도 동 behave 행동하다
- ◆ change consumer's **behavior** 수능기출
  소비자의 행동을 변화시키다

130 □ **design**
[dizáin]
- 동 디자인(설계)하다, 계획하다 명 디자인, 도안, 계획
- ◆ an airplane **design** 비행기의 설계도
- ◆ by **design** 계획적으로, 고의로

131 □ **prevent**
[privént]
- 동 예방하다, 막다
- 명 prevention 예방, 방해
- 형 preventive 예방의, 방해하는
- ◆ In order to **prevent** such diseases 수능기출
  그러한 질병들을 예방하기 위해
- ◆ **prevent** an accident 사고를 막다

132 □ **prepare**
[pripέər]
- 동 준비하다(make ready)
- 명 preparation 준비, 예습
- 형 preparatory 준비의, 예비의
- ◆ **prepare** for the exams 시험을 준비하다(대비하다)

133 □ **advance**
[ədvǽns]
- 명동 전진(하다), 진보(하다), 향상(하다)
- 명 advancement 전진, 진보
- 형 advanced 진보적인, 상급의
- ◆ in **advance** 미리(beforehand), 선금으로
- ◆ make a great **advance** 장족의 발전을 하다

134☐ **valuable** 〈형〉 가치 있는, 귀중한 (↔ valueless) 〈명〉 value 가치
[vǽljuəbl] ◆ valuable information 귀중한 정보

135☐ **invaluable** 〈형〉 매우 귀중한(priceless)
[invǽljuəbl] ◆ invaluable experience 매우 귀중한 경험

136☐ **climb** 〈동〉 오르다(ascend), 기어오르다
[klaim] ◆ climb a mountain 등산하다

137☐ **disabled** 〈형〉 불구가 된, 무력해진 〈명〉 disability 무능, 불구
[diséibld] 〈동〉 disable 불구로 만들다, 무능하게 하다
◆ the disabled 장애인(the handicapped)

138☐ **summary** 〈명〉〈형〉 요약, 요약한 〈동〉 summarize 요약하다
[sʌ́məri]

139☐ **challenge** 〈명〉〈동〉 도전(하다)
[tʃǽlindʒ] ◆ accept a challenge 도전을 받아들이다

140☐ **throat** 〈동〉 목구멍
[θrout] ◆ I have a sore throat. 목구멍이 아프다.

35

141 □ **argue**
[áːrgjuː]
- 동 논쟁하다(dispute), 설득하다
- 명 argument 논의, 논쟁
- ◆ He **argued** with his father about the matter.
  그는 아버지와 그 일에 관해서 토론했다.
- ◆ without **argument** 이의 없이

142 □ **attention**
[əténʃən]
- 명 주의, 주목, 돌봄
- 동 attend 출석(참석)하다, 돌보다
- 명 attendance 출석
- ◆ pay **attention** to ~에 주의를 기울이다 수능기출
- ◆ May I have your **attention**, please? 수능기출
  잠시 주목해 주십시오.

143 □ **intend**
[inténd]
- 동 의도하다, ~할 작정이다(to) 명 intention 의지, 의도
- 형 intentional 의도된, 고의적인
- ◆ He **intends to** go there. 그는 그곳에 갈 작정이다.

144 □ **general**
[dʒénərəl]
- 형 일반적인, 보편적인(↔particular) 명 장군
- 부 generally 일반적으로
- ◆ a **general** opinion 일반적인 의견, 여론
- ◆ **generally** speaking 일반적으로 말하면

145 □ **waste**
[weist]
- 동 낭비하다, (기회를)놓치다 명 낭비, 쓰레기(garbage)
- 형 wasteful 낭비가 많은, 헛된
- ◆ Don't **waste** time. 시간을 낭비하지 마라.

146☐ **concern**
[kənsə́:rn]
- 동 관계하다(relate to), 걱정하다 명 관계, 걱정
- 전 concerning ~에 관하여(about)
- ◆ be concerned with ~와 관계가 있다
- ◆ be concerned about ~을 걱정하다

147☐ **affect**
[əfékt]
- 동 영향을 미치다(influence), 감동시키다
- 명 affection 영향, 애정
- 형 affective 감정적인   형 affectionate 애정이 있는
- ◆ How will these changes affect us?
  이러한 변화들이 우리에게 어떻게 영향을 미칠까?

148☐ **suppose**
[səpóuz]
- 동 가정하다(assume), 추측하다
- ◆ be supposed to do ~하기로 되어 있다
- ◆ He is supposed to arrive at six.
  그는 6시에 도착하기로 되어 있다.

149☐ **method**
[méθəd]
- 명 방법, 방식(manner)
- ◆ the method of teaching 가르치는 방법

150☐ **advertise**
[ǽdvərtàiz]
- 동 광고하다   명 advertisement 광고(ad)
- ◆ advertise a product 제품을 광고하다

151☐ **stage**
[steidʒ]
- 명 무대, 단계, 시대
- ◆ the early stage of civilization 문명의 초기 단계

152☐ **ethnic**
[éθnik]
- 휑 민족의, 인종의
- ◆ ethnic minorities 소수 민족들 수능기출

153☐ **serious**
[síəriəs]
- 휑 진지한, 중대한
- ◆ a serious mistake 중대한 실수

154☐ **persuade**
[pərswéid]
- 동 설득하다 휑 persuasive 설득력 있는
- ◆ His argument is not persuasive. 수능기출
  그의 주장은 설득력이 없다.

155☐ **view**
[vju:]
- 명 시야, 경치, 전망, 의견 동 보다, 간주하다
- ◆ point of view 관점 (viewpoint)

156☐ **convenient**
[kənví:njənt]
- 휑 편리한(↔ inconvenient 불편한)
- 명 convenience 편리
- ◆ for convenience' sake 편의상

157☐ **envious**
[énviəs]
- 휑 질투하는(jealous), 부러워하는
- 명동 envy 질투(하다), 시기(하다)
- ◆ an envious look 부러운 듯한 표정

158☐ **negative**
[négətiv]
- 휑 부정적인, 소극적인(↔positive 적극적인)
- ◆ the negative effect 부정적인 효과

159□ **positive** 형 긍정적인, 적극적인 (↔negative 부정적인, 소극적인)
[pázitiv] ◆ the power of positive thought 긍정적인 생각의 힘

160□ **harvest** 명동 수확(하다)
[háːrvist] ◆ an bad harvest 흉작, harvest festival 추수 감사제

161□ **nevertheless** 부 그럼에도 불구하고(nonetheless)
[nèvərðəlés] ◆ There was no news, nevertheless, she went on hoping. 아무 소식이 없었음에도 불구하고 그녀는 계속해서 희망을 갖고 있었다.

162□ **information** 명 정보 동 inform 알리다, 통지하다(notify)
[ìnfərméiʃən] 형 informative 정보를 제공하는, 유익한
◆ Please inform me what to do next.
다음은 무엇을 할 것인지 알려 주십시오.

163□ **spirit** 명 정신, 영혼, (pl)기분 형 spiritual 정신적인
[spírit] ◆ a shelter for their spirit 그들 영혼의 피난처(안식처) 수능기출
◆ in high spirits 기분 좋게

164□ **aspect** 명 측면, 양상
[æspekt] ◆ technical aspects of the work 작업의 기술적인 측면
◆ place too much emphasis on the 'global' aspect alone 세계적인 측면만 너무 강조하다 수능기출

Check up (4th-6th day)

1) 다음 영어는 우리말로, 우리말은 영어로 쓰시오.(1-14)

1. research
2. achieve
3. compose
4. challenge
5. advertise
6. contribute
7. prevent
8. 감정
9. 양
10. 경쟁
11. 방법
12. 군중
13. 무서운
14. 진지한

2) 다음 빈 칸에 알맞은 단어를 쓰시오.(15-24)

15. an _____ crop   평년작
16. _____ families   이산 가족
17. for _____   예를 들면
18. valuable _____   귀중한 정보
19. Don't _____ time.   시간을 낭비하지 마라.
20. _____ for the examination   시험을 준비하다
21. a _____ property   사유 재산
22. _____ products   공업 제품
23. pay _____ to   ~에 주의를 기울이다
24. point of _____   관점

Speed Test

delight	즐겁게하다	impolite	무례한(rude)
assist	도와주다(aid)	invest	투자하다
bewilder	당황하게하다	record	기록(하다)
comrade	친구(companion)	subway	지하철
decay	썩다, 부패(하다)	example	예, 모범
enable	~할 수 있게 하다	display	전시(하다)(exhibit)

정답 1.연구하다 2.성취하다 3.구성하다 4.도전하다 5.광고하다 6.기여하다 7.예방하다 8.emotion 9.quantity 10.competition 11.method 12.crowd 13.terrible 14.serious 15.average 16.separate 17.instance 18.information 19.waste 20.prepare 21.private 22.industrial 23.attention 24.view

Day 7

165 □ **belief**
[bilíːf]
- 명 믿음, 신념
- 동 believe 믿다
- 형 believable 믿을 수 있는
- ◆ political **beliefs** 정치적 신념

166 □ **cause**
[kɔːz]
- 명 원인, 이유(reason) 동 야기하다
- ◆ **cause** and effect 원인과 결과
- ◆ Speeding **causes** a lot of accidents.
  과속은 많은 사고를 일으킨다.

167 □ **participate**
[pɑːrtísipèit]
- 동 참가하다
- 명 participation 참가
- ◆ **participate in** ~에 참가하다 (take part in)

168 □ **civilization** 명 문명 동 civilize 문명화하다, 개화하다
[sìvilizéiʃən]
- ◆ He studies ancient **civilization**.
  그는 고대 문명을 연구한다.

169 □ **expect**
[ikspèkt]
- 동 기대하다, 예상하다
- 명 expectation 기대, 예상
- ◆ meet our **expectations** (수능기출)
  우리의 기대를 충족시키다

41

170☐ **whole** 　　　명형 전부(의), 전체(의)
　　[houl] 　　　부 wholly 완전히(entirely), 전체적으로
　　　　　　　　◆ the whole country　전국

171☐ **embarrass** 　동 당황하게 하다　명 embarrassment 당황
　　[imbǽrəs] 　　형 embarrassed 당황한
　　　　　　　　◆ be embarrassed in the presence of strangers
　　　　　　　　　낯선 사람들 앞에서 당황하다

172☐ **society** 　　명 사회, 단체, 사교계　형 social 사회의
　　[səsáiəti] 　　형 sociable 사교적인
　　　　　　　　◆ a medical society　의사회

173☐ **flat** 　　　　형 평평한
　　[flæt] 　　　　◆ a flat tire(평평한 타이어)→펑크난 타이어

174☐ **crisis** 　　　명 위기, (pl) crises[kráisiːz]
　　[kráisis] 　　　◆ an economic crisis　경제 위기

175☐ **physical** 　　형 신체의, 물리적인(↔ mental 정신적인)
　　[fízikəl] 　　　명 physics 물리학
　　　　　　　　명 physician 내과 의사(↔ surgeon 외과 의사)
　　　　　　　　◆ a regular physical examination 〈수능기출〉
　　　　　　　　　정기적인 신체검사

176□ **ability**
[əbíləti]
- 몡 능력(↔ inability 무능력)
- 혱 able 유능한 (be able to = can)
- ◆ the natural ability to fight off bacteria 수능기출
  세균과 싸워서 물리치는 타고난 능력

177□ **actual**
[ǽktʃuəl]
- 혱 실제의(real), 현실의 (↔ideal 이상의)
- 븟 actually 실제로
- ◆ an actual fact 사실

178□ **share**
[ʃɛər]
- 동 공유하다, 분배하다 몡 몫, 역할
- ◆ All must share alike.
  모두 똑같이 할당받아야 한다.

179□ **environment**
[inváirənmənt]
- 몡 환경 혱 environmental 환경의
- ◆ environmental pollution 환경 오염

180□ **immediately**
[imí:diətli]
- 븟 즉시(at once)   혱 immediate 즉각적인
- ◆ The figure disappeared immediately.
  그 형체가 즉시 사라졌다.

181□ **promote**
[prəmóut]
- 동 승진시키다, 촉진(장려)하다
- 몡 promotion 승진, 촉진
- ◆ He was promoted to be minister.
  그는 장관으로 승진했다.

182☐ **tradition**
[trədíʃən]
- 명 전통 형 traditional 전통적인
- ◆ a **tradition** of my family
  우리 집안의 전통

183☐ **goal**
[goul]
- 명 목표(aim), 득점
- ◆ the most effective way to focus on your **goals** 수능기출
  목표에 집중하는 가장 효과적인 방법

184☐ **medicine**
[méd(i)sn]
- 명 약(물) 형 medical 의학의, 의료의
- ◆ a **medicine** for a cold 감기약
- ◆ a **medical** college 의과 대학

185☐ **degree**
[digríː]
- 명 정도, 학위, (온도계의)도
- ◆ the **degree** of doctor 박사 학위
- ◆ to a **degree** 어느 정도, by **degree** 점점

186☐ **instinct**
[ínstiŋkt]
- 명 본능, 직감 형 instinctive 본능적인, 직관적인
- ◆ by **instinct** 본능적으로, 직관적으로
- ◆ No one's **instincts** are always correct. 수능기출
  어떤 사람의 직감도 언제나 옳지는 않다.

187☐ **popular**
[pápjulər]
- 형 인기 있는, 대중의 명 popularity 인기, 대중성
- ◆ a **popular** singer 인기 가수
- ◆ the **popular** opinion 여론

188□ **prefer**
[prifə́ːr]
- 동 ~을 더 좋아하다(to) 명 preference 선호
- 형 preferable 더 바람직한, 더 나은
- ◆ **prefer** surfing the internet **to** reading books 〔수능기출〕
  독서 보다 인터넷 서핑을 더 좋아하다

189□ **exist**
[igzíst]
- 동 존재하다 명 existence 존재
- ◆ Man cannot **exist** without air.
  사람은 공기가 없으면 존재하지(살지) 못한다.

190□ **graduate**
[grǽdʒuèit]
- 동 졸업하다 명 [grǽdʒuit] 졸업생
- 명 graduation 졸업
- ◆ He **graduated** from a vocational training school.
  그는 직업 훈련 학교를 졸업했다.

191□ **humor**
[hjúːmər]
- 명 유머, 해학
- 형 humorous 우스꽝스러운, 익살스러운
- ◆ He has a sense of **humor**. 그에게는 유머 감각이 있다.

192□ **thus**
[ðʌs]
- 부 따라서, 이와 같이(therefore)
- ◆ It is late, and **thus** you must go. 늦었으니 가야합니다.

193□ **evolution**
[èvəlúːʃən]
- 명 진화, 발달(↔devolution 퇴화)
- 동 evolve 진화하다 형 evolutionary 진화의, 발달의
- ◆ the theory of **evolution** 진화론

194 ☐ measure
[méʒər]
- 명 치수, 측정, (pl)조치 동 측정하다, ~의 치수를 재다
- ◆ take measures 조치를 취하다 수능기출
- ◆ in a large measure 상당히, 꽤 많이

195 ☐ immigrant
[ímigrənt]
- 명 (입국해 오는)이민(자)(↔ emigrant (나가는)이민(자))
- 동 immigrate 이주하다 명 immigration 이주
- ◆ immigrants from Europe 유럽에서 온 이민자들

196 ☐ purpose
[pə́ːrpəs]
- 명 목적(aim) 부 purposely 고의적으로(on purpose)
- ◆ for the purpose of ~위하여

197 ☐ object
[ábdʒikt]
- 명 목적, 물체, 대상
- 동 [əbdʒékt] ~에 반대하다(to)
- 명 objection 반대, 이의
- 명형 objective 목표, 목적(purpose), 객관적인
- ◆ the fact that not everyone objects to their behavior
  모든 사람들이 그들의 행동에 반대하지는 않는다는 사실 수능기출
- ◆ the objective of our committee 수능기출
  우리 위원회의 목적

198 ☐ shape
[ʃeip]
- 명 모양, 상태 동 ~의 형체로 만들다
- ◆ be in good shape 건강 상태가 좋다

199 **approach** [əpróutʃ]
명동 접근(하다) 형 approachable 접근할 수 있는
◆ She heard the car approach and stop outside. 수능기출
그녀는 차가 다가와 밖에서 멈추는 소리를 들었다.

200 **poet** [póuit]
명 시인 명 poetry 시 형 poetic 시적인
◆ a vehicle of poetry and humor 수능기출
시와 유머의 전달 수단

201 **resource** [ríːsɔːrs]
명 원천, (pl)자원
◆ natural resources 천연 자원

202 **chemical** [kémikəl]
형 화학적인 명 chemistry 화학 명 chemist 화학자
◆ chemical reaction 화학 반응

203 **dismiss** [dismís]
동 해고하다(↔employ 고용하다), 해산하다
명 dismissal 해고, 추방
◆ He was dismissed for drunkenness.
그는 주벽이 심해서 해고당했다.

204 **enemy** [énəmi]
명 적
◆ natural enemy 천적

205 **flow** [flou]
동 흐르다 명 흐름
◆ Rivers flow into the ocean. 강은 바다로 흘러든다.

206☐ **distribute** 동 분배하다 명 distribution 분배, 분포
[distríbjut] ◆ the **distribution** of population 인구 분포

207☐ **meanwhile** 부 그 동안에, 한편으로는(meantime)
[míːnhwàil] ◆ **Meanwhile** we went to have a look at the garden.
그동안 우리는 뜰을 보러 갔다.

208☐ **provide** 동 제공(공급)하다 접 providing 만일~ 이라면(if)
[prəváid] ◆ Cows **provide** us **with** milk.
소는 우리에게 우유를 제공한다.

209☐ **mankind** 명 인간, 인류(humankind)
[mænkáind] ◆ the welfare of **mankind** 인류의 복지

210☐ **award** 동 주다, 수여하다 명 상, 상품
[əwɔ́ːrd] ◆ He was **awarded** a Nobel prize.
그는 노벨상을 받았다.

211☐ **conversation** 명 대화
[kànvərséiʃən] ◆ a private **conversation** 사적인 대화

212☐ **accident** 명 사고, 우연 형 accidental 우연한
[æksidənt] ◆ by **accident** 우연히, a traffic **accident** 교통 사고

213□ **heal**
[hi:l]
- 동 낫게 하다, 고치다(cure)
- 형명 healing 낫게 하는, 치료(법)
- ◆ Time **heals** all sorrows.
  (시간은 모든 슬픔을 치유한다)→시간이 약이다.

214□ **determine**
[ditə́:rmin]
- 명동 결정(결심)하다(decide)
- 명 determination 결정, 결심
- ◆ Character is **determined** by early education.
  성격은 초기 교육으로 결정된다.

215□ **bother**
[báðər]
- 동 괴롭히다, 귀찮게 하다 형 bothersome 귀찮은
- ◆ Don't **bother** me! 나를 귀찮게 하지 마!

216□ **evidence**
[évidəns]
- 명 증거, 증언
- 형 evident (증거가 있는)명백한(clear)(↔vague모호한)
- ◆ material **evidence** 물적 증거

217□ **support**
[səpɔ́:rt]
- 명동 지지(하다), 부양(하다) 명 supporter 후원자
- ◆ **support** a large family 대가족을 부양하다
- ◆ **in support of** ~을 지지(찬성)하여

218□ **already**
[ɔ:lrédi]
- 부 이미, 벌써
- ◆ The construction work is **already** completed.
  건설 공사는 이미 끝났다.

49

219 □ **academic**
[æ̀kədémik]
- 혱 학문의, 학구적인   몡 academy 학원, 전문학교
- ◆ a military academy 육군 사관 학교

220 □ **result**
[rizʌ́lt]
- 몡 결과   동 결과로서 생기다(from)
- ◆ as a result 그 결과
- ◆ achieve productive and positive results 수능기출
  생산적이고 긍정적인 결과를 성취하다

221 □ **attitude**
[ǽtitjùːd]
- 몡 자세, 태도
- ◆ a hostile attitude 적대적인 태도

222 □ **abroad**
[əbrɔ́ːd]
- 혱 외국에(overseas), 널리
- ◆ go abroad 외국에 가다
- ◆ spread abroad 널리 퍼지다

223 □ **lose**
[luːz]
- 동 잃어버리다, (경기에서)지다
- 혱 lost 잃어버린   몡 loss 손해, 손실
- ◆ We lost the game. 우리는 시합에 졌다.

224 □ **condition**
[kəndíʃən]
- 몡 상태, 상황, 조건
- ◆ His condition is improving.
  그의 건강 상태가 좋아지고 있다.
- ◆ changing conditions in the marketplace 수능기출
  시장의 변화하는 상황

225□ **certain**
[sə́ːrt(ə)n]
⑱ 확실한, 특정한
◆ for certain 확실히
◆ at a certain time 특정한 시간에

226□ **encourage**
[inkə́ːridʒ]
⑧ 용기를 북돋아 주다, 장려하다 (↔ discourage)
⑲ encouragement 격려, 장려
⑱ encouraging 격려하는
◆ encourage individual members to think creatively
개인에게 창조적인 사고를 하도록 장려하다 〔수능기출〕

227□ **rough**
[rʌf]
⑱ 거친
㉿ roughly 거칠게, 대략
◆ roughly speaking 대충 말해서
◆ The waves were rough and huge.
파도는 거칠고 거대했다.

228□ **aboard**
[əbɔ́ːrd]
㉿ 배안에, ~를 타고
◆ go aboard 승선하다
◆ All aboard! 승차해 주세요!

229□ **opportunity**
[ɑ́pərtjuːniti]
⑲ 기회
◆ equal opportunities for education 교육의 기회 균등

51

230☐ **perceive**
[pərsíːv]
- 동 인식하다, 감지하다 명 perception 인식
- ◆ Your computer might **perceive** the image as ~
  너의 컴퓨터는 그 이미지를 ~처럼 인식할지도 모른다. `수능기출`

231☐ **detail**
[dítéil]
- 명 세부, 상세 형 detailed 상세한
- ◆ **in detail** 상세히
- ◆ a **detailed** description 상세한 묘사

232☐ **available**
[əvéiləbl]
- 형 이용할 수 있는, 쓸모 있는 동 avail 쓸모 있다
- ◆ a ticket **available** for a week 일주일 동안 유효한 티켓
- ◆ **avail oneself of** ~을 이용하다 (make use of)

233☐ **invent**
[invént]
- 동 발명(고안)하다 명 invention 발명
- 명 inventor 발명가 형 inventive 창의적인
- ◆ Necessity is the mother of **invention**.
  필요는 발명의 어머니이다.

234☐ **guess**
[ges]
- 동 추측하다 명 추측, 추정
- ◆ I **guess** him to be about 40.
  나는 그가 40세 정도라고 추측한다

235☐ **reproduce**
[rìːprədjúːs]
- 동 번식하다, 복제하다 명 reproduction 재생, 번식
- ◆ Viruses can **reproduce**. `수능기출`
  바이러스는 자기증식(복제)을 할 수 있다.

236 □ **local**
[lóukəl]
- 혱 지방의, 현지 혱 localism 지방색
- ◆ **local** time 현지 시간

237 □ **manage**
[mǽnidʒ]
- 혱 관리하다, 간신히~해내다(to)
- 혱 management 관리, 경영 혱 manager 관리자
- ◆ He **managed to** get the airport in time.
  그는 간신히 공항에 제 시간에 도착했다.

238 □ **especially**
[ispéʃəli]
- 혱 특히(particularly)
- ◆ This is **especially** worthy of notice.
  이것은 특히 주목할 만하다.

239 □ **normal**
[nɔ́ːrməl]
- 혱 보통의(↔abnormal)
- 혱 normally 보통으로
- ◆ a **normal** condition 정상 상태

240 □ **discover**
[diskʌ́vər]
- 혱 발견하다 혱 discovery 발견

241 □ **outstanding**
[àutstǽndiŋ]
- 혱 눈에 띄는, 현저한
- ◆ an **outstanding** player 눈에 띄는 선수

242 □ **layer**
[léiər]
- 혱 층
- ◆ the middle **layers** of society 사회의 중간 계층

243☐ **project**
[prɑ́dʒekt]
- 명 계획, 프로젝트
- 동 [prədʒékt] 계획(기획)하다, 발사하다
- ◆ project the construction of a new road
  새로운 도로 건설을 계획하다

244☐ **unique**
[juːníːk]
- 형 유일한(only), 독특한
- ◆ unique characteristics 독특한 특성

245☐ **benefit**
[bénifit]
- 명 이익, 이점 동 이익을 주다(얻다)
- 형 beneficial 유익한
- ◆ for the benefit of ~을 위하여

246☐ **assist**
[əsíst]
- 동 돕다(help) 명 assistant 조수
- 명 assistance 원조, 도움
- ◆ assist a person in an enterprise 남의 사업을 돕다

247☐ **collect**
[kəlékt]
- 동 모으다, 수집하다 명 collection 수집(물)
- 형 collective 모인, 집단적인
- ◆ collect information 정보를 수집하다

248☐ **attach**
[ətǽtʃ]
- 동 ~을 붙이다, 첨부하다(↔ detach 분리하다)
- 명 attachment 부착
- ◆ attach a price tag on each article
  각 상품에 가격표를 붙이다

249☐ **spread**
[spred]
- 동 퍼뜨리다, 퍼지다
- ◆ **spread** a disease 병을 퍼뜨리다

250☐ **reflect**
[riflékt]
- 동 반사(반영)하다, 숙고하다
- 명 reflection 반사, 숙고
- ◆ The process of making hanji **reflects** human life.
  한지를 만드는 과정은 인간의 삶을 반영한다. 수능기출
- ◆ without **reflection** 경솔히

251☐ **harmony**
[hɑ́ːrməni]
- 명 조화
- 형 harmonious 조화된, 화목한
- 동 harmonize 조화시키다
- ◆ be in **harmony** with ~와 조화를 이루다

252☐ **greet**
[griːt]
- 동 인사하다
- 명 greeting 인사, (pl)인사장
- ◆ She ran to **greet** him with a kiss.
  그녀는 그에게 달려가 키스로 인사했다.

253☐ **potential**
[pouténʃəl]
- 형 가능한(possible), 잠재적인 명 잠재력
- ◆ a **potential** genius 천재의 소질이 있는 사람

254☐ **anniversary** 명 기념일
[æ̀nivə́ːrsəri]
- ◆ a wedding **anniversary** 결혼 기념일

55

Check up (7th-9th day)

1) 다음 영어는 우리말로, 우리말은 영어로 쓰시오.(1-14)

1. distribute
2. embarrass
3. participate
4. graduate
5. evolution
6. dismiss
7. discover
8. 사회
9. 문명
10. 전통
11. 약
12. 인간
13. 낫게 하다
14. 태도

2) 다음 빈 칸에 알맞은 단어를 쓰시오.(15-24)

15. _____ and effect — 원인과 결과
16. by_____ — 점점
17. _____ pollution — 환경오염
18. the _____ opinion — 여론
19. for the _____ of — ~을 위하여
20. material _____ — 물적 증거
21. _____ reaction — 화학 반응
22. a traffic _____ — 교통사고
23. _____ time — 현지 시간
24. for the _____ of — ~을 위하여

Speed Test

humorous	익살스러운	cautious	조심성 있는
encourage	격려하다	package	소포
sightseeing	관광	operation	수술
warranty	보증서	clerk	점원
otherwise	그렇지 않으면	tour guide	관광 가이드
meanwhile	그러는 동안에	client	고객

정답 1.분배하다 2.당황하게 하다 3.참가하다 4.졸업하다 5.진화 6.해고하다 7.발견하다 8.society 9.civilization 10.tradition 11.medicine 12.mankind 13.heal 14.attitude 15.cause 16.degree 17.environmental 18.popular 19.purpose 20.evidence 21.chemical 22.accident 23.local 24.benefit

Day 10

255 □ **celebrate**
[séləbrèit]
- 동 축하하다 명 celebration 축하
- 명 celebrity 명사
- 형 celebrated 유명한
- ◆ **celebrate** a victory 승리를 축하하다

256 □ **perform**
[pərfɔ́ːrm]
- 동 실행하다, 공연하다
- 명 performance 실행, 공연
- ◆ **perform** a promise 약속을 실행하다

257 □ **imagine**
[imǽdʒin]
- 동 상상하다
- 명 imagination 상상(력)
- 형 imaginary 상상의
- 형 imaginable 상상할 수 있는
- ◆ an **imaginary** enemy 가상의 적

258 □ **excellent**
[éksələnt]
- 형 우수한, 뛰어난
- 동 excel ~보다 뛰어나다
- 명 excellence 우수, 탁월
- ◆ He is **excellent** in mathematics. 그는 수학이 우수하다.

259 □ **pollute**
[pəlúːt]
- 동 오염시키다 명 pollution 오염
- ◆ environmental **pollution** 환경 오염

260 □ **trick**
[trik]
- 몡 장난, 속임수 동 속이다
- ◆ tricks of fortune 운명의 장난

261 □ **aware**
[əwɛ́ər]
- 혱 ~을 알고 있는(↔unaware 알지 못한)
- ◆ be aware of ~을 알고 있다

262 □ **divide**
[diváid]
- 동 나누다, 분리하다
- 명 division 분할
- ◆ divide a pie into two parts
  파이를 두 조각으로 쪼개다

263 □ **flight**
[flait]
- 명 비행, 날기 동 fly 날다
- ◆ a night flight 야간 비행
- ◆ a trial flight 시험 비행

264 □ **desire**
[dizáiər]
- 동 바라다, ~을 요구하다 명 욕망, 욕구
- ◆ I desire you to go at once. 네가 곧 가 주길 바란다.
- ◆ The performing arts also desire excellence. 수능기출
  공연 예술 또한 우수함을 요구한다.

265 □ **confirm**
[kənfə́ːrm]
- 동 확인하다, 굳히다
- 명 confirmation 확인
- 혱 confirmed 확인된
- ◆ confirm the reservation 예약을 확인하다

266☐ **describe**
[diskráib]
- 동 묘사하다 명 description 묘사
- 형 descriptive 묘사하는
  - ◆ a descriptive power 묘사력
  - ◆ beyond description 형용할 수 없을 만큼

267☐ **plenty**
[plénti]
- 명 풍부, 충분 형 plentiful 풍부한, 많은(abundant)
  - ◆ plenty of time 충분한 시간

268☐ **assume**
[əsjúːm]
- 동 가정하다, ~인 체하다 명 assumption 가정
- 형 assumed 가정의, 거짓의
  - ◆ Let's assume what he says to be true.
    그가 하는 말은 진실이라고 가정하자.

269☐ **exercise**
[éksərsàiz]
- 동 운동(연습)하다, (권력 등을)행사하다 명 운동, 연습
  - ◆ Swimming is good exercise. 수영은 좋은 운동이다.

270☐ **emerge**
[imə́ːrdʒ]
- 동 나타나다, 나오다
- 명 emergence 출현
  - ◆ the new craft's basic design emerged from computer models 수능기출
    컴퓨터 모델에서 나온 새 비행기의 기본 디자인

271☐ **forest**
[fɔ́(ː)rist]
- 명 숲, 산림
  - ◆ a natural forest 자연림

272 □ **revolution** 명 혁명 형 revolutionary 혁명적인
[rèvəlúːʃən]
◆ the industrial **revolution** 산업 혁명

273 □ **eventually** 부 결국(finally)
[ivéntʃuəli]
◆ **Eventually** he became a doctor. 결국 그는 의사가 되었다.

274 □ **invite** 동 초대하다 명 invitation 초대(장)
[inváit]
◆ I **invited** him to dinner.
나는 그를 저녁 식사에 초대했다.

275 □ **period** 명 기간, 시대, 주기 형 periodic 주기적인, 정기적인
[píəriəd]
형명 periodical 정기 간행의, 정기 간행물, 잡지
◆ for very long **periods** of time 매우 오랫동안 〈수능기출〉

276 □ **therefore** 부 그러므로, 따라서
[ðɛ́ərfɔ̀ːr]
◆ I think, **therefore** I am.
나는 생각한다. 그러므로 나는 존재한다.

277 □ **contemporary** 형 현대의, 동시대의 명 동시대 사람, 동갑내기
[kəntémpərèri]
◆ **contemporary** authors 현대의 저자들 〈수능기출〉

278 □ **pain** 명 고통, (pl)수고 형 painful 아픈(aching)
[pein]
◆ She cried with **pain**. 그녀는 아파서 울었다.

279 **responsible** 형 책임이 있는 (↔ irresponsible 무책임한)
[rispánsəbl]
명 responsibility 책임
◆ Who **is responsible for** this state of affairs?
이 사태에 대한 책임은 누구에게 있는가?

280 **audience** 명 청중
[ɔ́ːdiəns]
◆ address the **audience** 청중에게 연설하다

281 **boring** 형 지루한, 따분한
[bɔ́ːriŋ]
동 bore 지루하게 하다
◆ The lecture was deadly **boring**.
그 강의는 몹시 지루했다.

282 **respect** 동 존경(존중)하다 명 존경, 관계(relation)
[rispékt]
형 respectful 공손한
형 respective 각각의
◆ **in respect to** ~에 관해서는(**with respect to**)
◆ a **respected** employee of this company 수능기출
이 회사의 존경받는 직원

283 **conserve** 동 보존(보호)하다(preserve)
[kənsə́ːrv]
명 conservation 보존, 보호
형 conservative 보수적인
◆ **conserve** the wild plants growing in Korea 수능기출
한국에서 자생하는 야생 식물들을 보존하다

Day 11

284 □ leak
[liːk]
- 동 새다 명 누출
- ◆ The boat is leaking. 보트에 물이 새어 들어온다.
- ◆ He detected a gas leak. 그는 가스가 새는 것을 탐지했다.

285 □ noise
[nɔiz]
- 명 소음 형 noisy 시끄러운
- ◆ Don't be noisy! 조용히 해!

286 □ wage
[weidʒ]
- 명 임금, 급료(salary) 동 (전쟁을)하다
- ◆ daily wages 일일 급료

287 □ male
[meil]
- 명 형 남성(의), 수컷(의) (↔female)
- ◆ male hormone 남성 호르몬

288 □ select
[silékt]
- 동 고르다, 선택하다(choose) 명 selection 선택
- ◆ select a birthday present for one's child
  아이에게 줄 생일 선물을 고르다

289 □ compare
[kəmpέər]
- 동 비교(비유)하다 명 comparison 비교, 비유
- 형 comparable 비교할 만한
- ◆ compare German with English
  독일어를 영어와 비교하다

290 □ **deal**
[diːl]
- 동 다루다, 거래하다
- 명 dealing 거래 명 dealer 상인
- ◆ deal with ~을 다루다
- ◆ a great deal of 매우 많은, a tobacco dealer 담배 상인

291 □ **except**
[iksépt]
- 형 ~을 제외하고
- 명 exception 예외 형 exceptional 예외적인, 드문
- ◆ an exceptional case 예외적인 사례
- ◆ except the barking of distant dog (수능기출)
  멀리서 개 짖는 소리를 제외하고

292 □ **disturb**
[distə́ːrb]
- 동 방해하다(interrupt), 어지럽히다
- 명 disturbance 방해, 혼란
- ◆ People may disturb or anger us. (수능기출)
  사람들이 우리를 방해하거나 화나게 할 수 있다.

293 □ **contrary**
[kántreri]
- 명형 반대(의)
- ◆ On the contrary 그와는 반대로 (수능기출)
- ◆ Contrary to what Mr. Smith may believe (수능기출)
  스미스씨가 믿고 있는 것과는 반대로

294 □ **anxious**
[ǽŋkʃəs]
- 형 걱정하는(about), 갈망하는(for)
- 명 anxiety 걱정, 갈망
- ◆ He is always anxious about her health.
  그는 항상 그녀의 건강을 걱정한다.

295☐ **critical**
[krítikəl]
- 형 비평의, 비판적인, 위험한 명 critic 비평가
- 명 criticism 비평, 비판 동 criticize 비평하다
- ◆ with a **critical** eye 비판적으로

296☐ **occupy**
[ákjupài]
- 동 종사하다, 차지 (점유)하다 명 occupation 직업, 점령
- ◆ be **occupied** in ~에 종사하다
- ◆ The building **occupies** an entire block.
  그 건물은 한 블록 전체를 차지하고 있다.

297☐ **construct**
[kənstrʌ́kt]
- 동 건설하다(↔destroy 파괴하다)
- 명 construction 건설
- 형 constructive 건설적인
- ◆ **construct** a house 집을 짓다

298☐ **honor**
[ánər]
- 명 명예(↔dishonor) 형 honorable 존경할 만한
- ◆ in **honor** of ~을 기념하여, ~에게 경의를 표하여

299☐ **maintain**
[meintéin]
- 동 유지하다, 주장하다 명 maintenance 유지, 주장
- ◆ encourage them to **maintain** their ability in their mother tongues 수능기출
  그들이 모국어에 대한 능력을 유지하도록 장려하다

300☐ **female**
[fíːmeil]
- 명 형 여성(의), 암컷(의)(↔male)
- ◆ **female** education 여성 교육

301 **guilty** [gílti]
- 형 유죄의(↔innocent 무죄의) 명 guilt 유죄
- 형 guiltless 죄 없는, 결백한
  - ◆ declare the prisoner **guilty** of murder
    그 죄수에게 살인죄를 선고하다

302 **sin** [sin]
- 명 (종교,도덕상의)죄 (cf. crime은 법률상의 죄)
- 형 sinful 죄 많은

303 **innocent** [ínəsnt]
- 형 순진한, 무죄의(↔guilty)
- 명 innocence 순결, 결백
  - ◆ He is **innocent** as far as I know.
    내가 알고 있는 한 그는 결백하다.
  - ◆ an **innocent** mischief 악의없는 장난

304 **request** [rikwést]
- 명 요구, 요청 동 요청하다(require)
  - ◆ on **request** 요청이 있는 대로
  - ◆ the use of direct **requests** for handling children
    아이를 다루기 위해 직접적인 요구를 하는 것 〔수능기출〕

305 **author** [ɔ́:θər]
- 명 저자, 작가(writer)
  - ◆ the **author** of this novel 이 소설의 저자

306 **impressive** [imprésiv]
- 형 인상적인 명 impression 인상, 감명
- 동 impress ~에게 (깊은) 인상을 주다, 감명을 주다
  - ◆ first **impression** 첫 인상

307 □ **discipline**　명 훈련, 규율　동 훈련하다
[dísiplin]
- ◆ moral **discipline**　도덕적 규율
- ◆ He had to be **disciplined** severely.
  그는 혹독하게 훈련을 받아야 했다.

308 □ **regular**　형 보통의, 규칙적인, 정기적인(↔ irregular)
[réːgjulər]　명 regularity 질서, 규칙적임
- ◆ **regular** size　보통 크기
- ◆ have a **regular** physical examination 〔수능기출〕
  정기적인 신체검사를 받다

309 □ **seldom**　부 좀처럼~않다(rarely)
[séldəm]
- ◆ He takes a walk very **seldom**.
  그는 좀처럼 산책을 하지 않는다.

310 □ **severe**　형 엄격한, 가혹한, 심한
[sivíər]
- ◆ a **severe** toothache　심한 치통

311 □ **occasion**　명 경우, 기회, 시기　형 occasional 때때로의
[əkéiʒən]
- ◆ on **occasion**　때때로

312 □ **eager**　형 열심인, 갈망하는　부 eagerly 열심히
[íːgər]
- ◆ He **is eager to** learn how to drive a car.
  그는 자동차 운전 배우기를 갈망한다.

313□ **religion**
[rilídʒən]

명 종교 형 religious 종교의
◆ a religious book 종교 서적

314□ **commit**
[kəmít]

동 맡기다, 범하다 명 commission 위임, 수수료
명 committee 위원회
◆ commit a crime 죄를 범하다

315□ **educate**
[édʒukèit]

동 교육하다 명 education 교육 명 educator 교육자
◆ elementary education 초등 교육

316□ **among**
[əmʌ́ŋ]

전 (셋 이상일 때)~사이에, ~ 중에 (cf. 둘 between)
◆ one among a thousand 천 명 중에 한 사람
◆ He hid himself among the bushes.
  그는 덤불 사이에 몸을 숨겼다.

317□ **demand**
[dimǽnd]

명 요구, 수요(↔supply 공급) 동 요구하다, 필요로 하다
◆ a demand for higher wages 임금 인상 요구

318□ **supply**
[səplái]

명 공급 동 공급하다, 충족시키다
◆ demand and supply 수요와 공급
◆ supply people with clothing 사람들에게 의류를 공급하다

67

319 □ beyond
[bijánd]

전 ~의 저쪽에, ~을 넘어서

◆ **beyond oneself** 정신없이

◆ The news did not travel far **beyond** the village.
그 소식은 마을을 넘어 멀리 퍼지지 않았다. 수능기출

320 □ satisfy
[sǽtisfài]

동 만족시키다

명 satisfaction 만족

형 satisfactory, satisfied 만족한

◆ **Are** you **satisfied with** your income?
당신은 당신의 수입에 만족하고 있습니까?

321 □ myth
[miθ]

명 신화(legend)

◆ the Greek **myth** 그리스 신화

322 □ direct
[dirékt]

동 지시(감독)하다 형 똑바른, 직접의(↔indirect 간접의)

명 direction 방향, 지시

명 director 감독

부 directly 즉시(instantly)

◆ I **directed** him to study English every day.
나는 그에게 날마다 영어를 공부하도록 지시했다.

◆ in the **direction** of ~의 쪽에

323 □ origin
[ɔ́:ridʒin]

명 기원, 태생 형 original 최초의, 독창적인

부 originally 원래는

◆ the **origin** of the river 강의 발원지

324☐ **suddenly** ㉯ 갑자기(all of a sudden)
[sʌ́dnli] ㉱ sudden 갑작스러운, 불시의

325☐ **distinct** ㉱ 다른(different), 별개의, 명백한 ㉱ distinctive 독특한
[distíŋkt] ㉢ distinction 구별
◆ Hares are **distinct** from rabbits.
산토끼와 집토끼는 다르다.

326☐ **hardly** ㉯ 거의~ 않다(barely)
[há:rdli] ◆ **hardly**(scarcely) ever ~ 하는 경우가 거의 없다.
◆ He will **hardly** come now.
그는 이제 거의 오지 않을 것 같다.

327☐ **absent** ㉱ 결석한, 없는 ㉢ absence 결석
[ǽbs(ə)nt] ◆ **be absent from** office 회사를 결근하다

328☐ **occur** ㉰ 일어나다, 발생하다(happen), 생각이 떠오르다
[əkə́:r] ◆ events that **occur** on the other side of the world 수능기출
세계의 다른 쪽에서 일어나는 사건들
◆ A fresh idea **occurred** to me. 참신한 생각이 떠올랐다.

329☐ **convince** ㉰ 확신시키다, 설득하다(persuade)
[kənvíns] ㉱ convincing 확실한
◆ He became **convinced** that ~ 수능기출
그는 ~을 확신하게 되었다.

330☐ **expert**
[ékspə:rt]
- 명 전문가 형 전문적인, 능숙한(skillful)

331☐ **define**
[difáin]
- 동 정의하다, 한정하다 명 definition 정의
- 형 definite 명확한, 한정된(↔ indefinite)
- 부 definitely 명확히, 분명히
- ◆ I definitely remember sending the letter.
  나는 그 편지 보낸 것을 분명히 기억한다.

332☐ **hide**
[haid]
- 동 숨다, 숨기다(conceal)
- ◆ hide behind a door 문 뒤에 숨다

333☐ **balance**
[bǽləns]
- 명동 균형(을 잡다), 조화(를 이루다)
- ◆ balance of power 세력의 균형

334☐ **source**
[sɔ:rs]
- 명 근원(origin), 출처
- ◆ Idleness is the source of all evil.
  나태는 모든 악의 근원이다.
- ◆ a reliable source 믿을 만한 소식통(출처)

335☐ **owe**
[ou]
- 동 빚지다, 신세를 지다, ~덕택이다
- ◆ owing to ~ 때문에, ~덕분에
- ◆ owe A to B A는 B의 덕택이다
- ◆ we owe it to a few writers of old times. (수능기출)
  그것은 옛 시대의 몇몇 작가들 덕택이다.

336☐ **confused**
[kənfjúːzd]
- 형 혼란스러운, 당황한
- 동 confuse 혼란시키다, 당황하게 하다(embarrass)
- 명 confusion 혼란, 당황
- ◆ **confused** state of mind 혼란스러운 마음상태

337☐ **insist**
[insíst]
- 동 주장하다, 강요하다 명 insistence 주장
- ◆ He **insisted** that his brother is innocent.
  그는 자기 형이 무죄라고 주장했다.

338☐ **appointment**
[əpɔ́intmənt]
- 명 약속, 임명 동 appoint 임명(지정)하다
- ◆ make an **appointment** 약속하다
- ◆ **appoint** a new secretary 새 비서관을 임명하다

339☐ **announce**
[ənáuns]
- 동 알리다(inform), 발표하다
- 명 announcement 통지, 발표 명 announcer 아나운서
- ◆ She has **announced** her marriage to her friends.
  그녀는 친구들에게 자기의 결혼을 발표했다.

340☐ **visible**
[vízəbl]
- 형 눈에 보이는(↔invisible), 뚜렷한
- ◆ **visible** to the naked eye 육안으로 보이는

341☐ **similar**
[símilər]
- 형 유사한 (to) 명 similarity 유사
- 부 similarly 마찬가지로
- ◆ animals with nervous systems **similar to** worm's
  벌레와 유사한 신경계를 가진 동물들 (수능기출)

Check up (10th-12th day)

1) 다음 영어는 우리말로, 우리말은 영어로 쓰시오. (1-14)

1. similar
2. excellent
3. describe
4. respect
5. disturb
6. maintain
7. severe
8. 순진한
9. 숲
10. 청중
11. 건설하다
12. 명예
13. 저자
14. 종교

2) 다음 빈 칸에 알맞은 단어를 쓰시오. (15-24)

15. _____ of power — 세력의 균형
16. an _____ enemy — 가상의 적
17. the _____ revolution — 산업 혁명
18. _____ hormone — 남성 호르몬
19. a great _____ of — 매우 많은
20. first _____ — 첫 인상
21. elementary _____ — 초등 교육
22. be _____ from office — 회사를 결근하다
23. _____ a crime — 죄를 범하다
24. with a _____ eye — 비판적으로

Speed Test

shower	소나기	postcard	엽서
dentist	치과의사	cheerful	유쾌한
vacancy	빈 방	pharmacist	약사
entrance exam	입학시험	headache	두통
secretary	비서	gloomy	우울한
withdraw	인출하다	generous	관대한

정답 1.유사한 2.우수한 3.묘사하다 4.존경하다 5.방해하다 6.유지하다 7.엄격한 8.innocent 9.forest 10.audience 11.construct 12.honor 13.author 14.religion 15.balance 16.imaginary 17.industrial 18.male 19.deal 20.impression 21.education 22.absent 23.commit 24.critical

342 □ **punish**
[pʌ́niʃ]
- 동 처벌하다 (↔ forgive 용서하다)
- 명 punishment 처벌
- ◆ He was punished with death. 그는 사형에 처해졌다.

343 □ **recycle**
[riːsáikl]
- 동 재활용하다
- 형 recyclable 재생할 수 있는
- ◆ recycled paper 재생지

344 □ **overcome**
[òuvərkʌ́m]
- 동 극복하다
- ◆ overcome the difficulties they encounter day after day 수능기출
  일상생활에서 마주치는 어려움들을 극복하다

345 □ **biology**
[baiálədʒi]
- 명 생물학
- 명 biologist 생물학자
- 형 biological 생물학의

346 □ **harm**
[hɑːrm]
- 명 동 해(치다), 손상(시키다)
- 형 harmful 해로운 (↔ harmless 무해한)
- ◆ do harm 해를 끼치다 (↔ do good 이익이 되다)
- ◆ the harmful effects of noise 수능기출
  소음의 해로운 영향

347 □ **ashamed**
[əʃéimd]
- 형 부끄러워하는
- ◆ She was deeply ashamed of her behavior at the party.
  그녀는 그 파티에서의 행동을 매우 부끄러워했다.

348 □ **flood**
[flʌd]
- 명 홍수, 쇄도 동 침수하다, 넘치다(overflow)
- ◆ a flood of callers 방문객의 쇄도
- ◆ The houses were flooded by the rains.
  비로 집이 침수되었다.

349 □ **taste**
[teist]
- 명 맛, 취향 동 맛보다
- 형 tasty 맛있는
- ◆ have a taste for ~을 좋아하다
- ◆ The apple taste sour. 그 사과는 신 맛이 난다.

350 □ **admit**
[ədmít]
- 동 인정하다, 입장(입학)을 허가하다
- 명 admission 인정, 입장(료)
- ◆ an admission ticket 입장권

351 □ **lack**
[læk]
- 명동 결핍(되다), 부족(하다)
- ◆ lack of funds 자금 부족

352 □ **annoy**
[ənɔ́i]
- 동 괴롭히다, 짜증나게 하다(irritate)
- 형 annoying 귀찮게 (짜증나게)하는

353☐ **spot**
[spɑt]
- 명 장소, 지점, 얼룩, 점
- ◆ on the **spot** 현장에서
- ◆ Moles are dark **spots** on the human skin. 수능기출
  mole(점)은 인간의 피부에 있는 검은 점이다.

354☐ **relieve**
[rilíːv]
- 동 경감(안심)시키다, 구제하다 명 relief 구제, 안심
- ◆ I was **relieved** at the news.
  그 소식을 듣고 나는 안심하였다.

355☐ **although**
[ɔːlðóu]
- 접 비록 ~일지라도(though)
- ◆ **Although** poor, he is happy.
  그는 가난하지만 행복하다.

356☐ **experiment**
[ikspérimənt]
- 명동 실험(하다)
- 형 experimental 실험의
- ◆ a chemical **experiment** 화학 실험

357☐ **aid**
[eid]
- 동 돕다(help) 명 도움
- ◆ first **aid** 응급 치료
- ◆ **aid** war victims 전쟁 이재민을 돕다

358☐ **ceremony**
[sérəmòuni]
- 명 의식, 의례
- 형 ceremonial 의식의
- ◆ a graduation **ceremony** 졸업식

359 □ soil
[sɔil]
- 명 흙
- ◆ fertile soil 비옥한 흙

360 □ release
[rilíːs]
- 명 동 석방(하다), 풀어주다, (영화 따위를)개봉(하다), 발표(하다)
- ◆ They released the prisoners.
  그들은 죄수들을 석방했다.

361 □ ordinary
[ɔ́ːrd(i)nèri]
- 형 보통의(↔extraordinary 비상한)
- 부 ordinarily 보통, 대개
- ◆ in ordinary dress 평상복으로

362 □ promise
[prámis]
- 동 약속하다 명 약속, 장래의 가망
- 형 promising 장래가 촉망되는
- ◆ keep a promise 약속을 지키다
- ◆ a promising youth 장래가 촉망되는 청년

363 □ host
[houst]
- 동 주최하다 명 주인, 주최 측
- ◆ a host of new anxieties 〔수능기출〕
  수많은 새로운 걱정거리들
- ◆ Beijing will host the next Olympics.
  다음 올림픽 개최지는 북경이다.

364 □ material
[mətíəriəl]
- 명 물질, 재료 형 물질의
- ◆ raw material 원료

365 □ **contract**
[kántrækt]
- 몡 계약(서) 몡 contractor 계약자
- 동 [kəntrǽkt] 계약하다
- ◆ a **contract** of insurance 보험 계약

366 □ **gather**
[gǽðər]
- 동 모이다, 모으다(assemble)
- 몡 gathering 모임
- ◆ A rolling stone **gathers** no moss. (속담)
  구르는 돌에는 이끼가 끼지 않는다.

367 □ **structure**
[strʌ́ktʃər]
- 몡 구조(물) 형 structural 구조상의
- ◆ the **structure** of the human body 인체의 구조

368 □ **rule**
[ruːl]
- 몡 규칙, 지배 동 지배하다, 통치하다
- 몡 ruler 통치자
- ◆ **as a rule** 대체로, 일반적으로

369 □ **represent**
[rèprizént]
- 동 나타내다, 상징하다, 대표하다
- 몡 representative 대표자 형 대표하는
- ◆ The small room **represents** our earth. (수능기출)
  그 작은 방은 우리의 지구를 상징한다.

370 □ **fail**
[feil]
- 동 실패하다(↔succeed), 낙제하다
- 몡 failure 실패(↔success)
- ◆ The scheme **failed**. 계획은 실패했다.

371☐ **receive**
[risíːv]
- 동 받다 명 reception 수령, 접대
- 명 receipt [risíːt] 영수증
- ◆ How you received the salary? 봉급을 받았느냐?

372☐ **attractive**
[ətrǽktiv]
- 형 매력적인(fascinating) (↔unattractive)
- 동 attract 끌다, 매혹시키다
- 명 attraction 매력, 끄는 힘
- ◆ an attractive girl 매력적인 소녀

373☐ **tend**
[tend]
- 동 ~ 하는 경향이 있다, ~하기 쉽다(to)
- 명 tendency 경향, 추세
- ◆ Fruits tend to decay. 과일을 썩기 쉽다.

374☐ **respond**
[rispánd]
- 동 응답하다, 반응하다(to)
- 명 response 응답, 반응
- 형 responsive 반응하는
- ◆ in response to ~에 응답하여
- ◆ She never responded to my letter.
  그녀는 결코 내 편지에 답하지 않았다.

375☐ **gene**
[dʒiːn]
- 명 유전자 명 genetics 유전학
- 형 genetic 유전적인

376 □ **accompany** 동 동행(동반)하다
[əkʌ́mpəni]
◆ He was **accompanied** by his brother.
그는 동생을 동반하고 있었다.

377 □ **destroy** 동 파괴하다(↔ construct) 명 destruction 파괴
[distrɔ́i] 형 destructive 파괴적인
◆ The house was **destroyed** by fire.
집이 화재로 소실되었다.

378 □ **activity** 명 활동 형 active 활동적인, 적극적인(↔ passive)
[æktívəti] 명 action 행동 동 act 행동하다
◆ the **activity** of drawing 그림 그리는 활동 `수능기출`

379 □ **judge** 동 판결(재판)하다 명 판사(재판관)
[dʒʌdʒ] 명 judg(e)ment 판결
◆ The court is **judging** the case.
법정은 그 사건을 판결 중이다.

380 □ **donation** 명 기부(금), 기증 명 donor 기증자
[dounéiʃən] 동 donate 기부(기증)하다(contribute)
◆ **donate** blood 헌혈하다

381 □ **utility** 명 유익, 효용 동 utilize 이용하다
[juːtíləti] ◆ of no **utility** 쓸모없는

79

382☐ **earn**
[əːrn]
- 동 (돈을)벌다, 얻다
- 명 earning 벌기, 획득 (pl)소득
- ◆ **earn** 20 dollars a day 하루에 20달러 벌다

383☐ **precious**
[préʃəs]
- 형 귀중한(valuable), 소중한
- ◆ the most **precious** possessions of mankind
  인류의 가장 귀중한 소유물 〈수능기출〉

384☐ **sacred**
[séikrid]
- 형 신성한(holy), 종교적인(religious)
- ◆ **sacred** music 종교 음악

385☐ **exchange**
[ikstʃéindʒ]
- 명동 교환(하다)
- ◆ in **exchange** for ~과 교환으로
- ◆ **exchange** pounds for dollars
  파운드를 달러로 환전하다

386☐ **pressure**
[préʃər]
- 명 압력, 압박 동 press 압박하다, 누르다
- 형 pressing 긴급한(urgent)
- ◆ Our increased workloads put too much **pressure** upon us. 〈수능기출〉
  늘어난 작업량이 우리에게 과도한 압박을 가한다.

387☐ **aim**
[eim]
- 명 목표, 목적(purpose) 동 겨누다, 목표로 삼다
- ◆ achieve ons's **aim** 목적을 달성하다

388 □ **typical**
[típikəl]
- 형 전형적인
- ◆ a **typical** scholar 전형적인 학자

389 □ **industry**
[índəstri]
- 명 산업, 근면   명 industrialization 산업화
- 형 industrial 산업의   형 industrious 근면한
- 동 industrialize 산업화하다
- ◆ the tourist **industry** 관광 산업

390 □ **previous**
[prí:viəs]
- 형 앞의, 이전의   부 previously 미리
- ◆ a **previous** engagement 선약

391 □ **access**
[ǽkses]
- 명동 접근(하다)   형 accessible 접근하기 쉬운
- ◆ instant **access to** information 〔수능기출〕
  정보에 대한 즉각적인 접근

392 □ **endure**
[indjúər]
- 동 참다, 견디다(bear, tolerate)
- 명 endurance 인내(력)
- 형 endurable 참을 수 있는
- ◆ **endure** pain 고통을 참다

393 □ **clue**
[klu:]
- 명 단서, 실마리
- ◆ The fingerprints gave a **clue** that led to the arrest of the culprit.
  지문이 범인 체포의 단서가 되었다.

394 □ **sufficient**
[səfíʃənt]
- 형 충분한(enough) (↔insufficient 불충분한)

395 □ **passive**
[pǽsiv]
- 형 수동적인, 소극적인 (↔active 활동적인, 적극적인)
- ◆ He played a passive role in the relationship.
  그는 그 관계에서 수동적인 역할을 했다.

396 □ **narrow**
[nǽrou]
- 형 좁은, 아슬아슬한
- 부 narrowly 좁게, 가까스로
- ◆ a narrow alley 좁은 골목길
- ◆ a narrow victory 가까스로 얻은 승리

397 □ **belong**
[bilɔ́(:)ŋ]
- 동 ~에 속하다(to)
- 명 belongings 소유물, 재산(possession)
- This watch belongs to me. 이 시계는 내 것이다.

398 □ **praise**
[preiz]
- 명 동 칭찬(하다) (↔ scold 꾸짖다)
- 형 praiseworthy 칭찬할 만한, 훌륭한
- ◆ praise a person for his honesty
  남의 정직함을 칭찬하다

399 □ **breathe**
[bri:ð]
- 동 숨쉬다(respire) 명 breath[breθ] 호흡
- 형 breathless 숨가쁜
- ◆ breathe again 안도의 숨을 쉬다
- ◆ breathe out 숨을 내쉬다

Day 15

400 **apologize**
[əpálədʒàiz]
- 동 사과하다 명 apology 사과
- ◆ a sincere apology 진실한 사과

401 **career**
[kəríər]
- 명 경력, 직업(profession)
- ◆ a career diplomat 직업 외교관

402 **meaningful**
[míːniŋfəl]
- 형 의미 심장한
- ◆ building a meaningful and successful East–West relationship 수능기출
  의미있고 성공적인 동서양 관계를 구축하는 것

403 **feature**
[fíːtʃər]
- 명 특징, 용모, 얼굴 동 ~의 특징을 이루다
- ◆ an essential feature of a free nation 수능기출
  자유국가의 본질적인 특징

404 **confine**
[kənfáin]
- 동 한정하다(limit), 가두다
- 명 [kánfain] (pl) 경계, 범위
- ◆ on the confines of the city 시의 경계에서

405 **license**
[láis(ə)ns]
- 명 면허(증), 인가(증) 형 licensed 허가(인가)를 받은
- ◆ a driver's license 운전 면허증

406 alarm
[əlá:rm]
- 몡 경보, 놀람 동 놀라게 하다
- ◆ a fire **alarm** 화재 경보
- ◆ be **alarmed** by an attack 공격에 놀라다

407 pleasant
[pléznt]
- 형 유쾌한(delightful), 기분 좋은
- ◆ a **pleasant** evening 즐거운 밤

408 irritate
[íritèit]
- 동 화나게 하다, 짜증나게 하다 명 irritation
- 형 irritative 짜증나게 하는
- ◆ For a long time, this **irritated** me a great deal. 수능기출
  오랫동안 이것은 나를 몹시 짜증나게 했다.

409 delight
[diláit]
- 명 기쁨, 즐거움(pleasure) 동 기쁘게 하다(please)
- 형 delightful 기쁜 형 delighted 기뻐하는
- ◆ to one's great **delight** 매우 기쁘게도

410 replace
[ripléis]
- 동 ~을 대신(대체)하다 명 replacement 대체, 교환
- ◆ Will cyber schools **replace** traditional schools someday? 수능기출
  사이버 학교가 언젠가는 전통적인 학교를 대신하게 될까?

411 committee
[kəmíti]
- 명 위원회 동 commit 위임하다, (죄를)범하다
- ◆ He was elected chairman of the **committee**.
  그는 위원회의 의장으로 선출되었다.

412☐ **brilliant**
[bríljənt]
- 형 빛나는, 훌륭한
- ◆ a **brilliant** stars 빛나는 별들

413☐ **devote**
[divóut]
- 동 바치다, 헌신하다(dedicate) 명 devotion 헌신
- 형 devoted 헌신적인
- ◆ **devote** one's life **to** education 교육에 일생을 바치다

414☐ **recent**
[ríːsnt]
- 형 최근의 부 recently 최근에(lately)
- ◆ I **recently** renewed my driver's license. 수능기출
  나는 최근에 운전 면허증을 갱신했다.
- ◆ According to **recent** studies 수능기출
  최근 연구에 따르면

415☐ **transportation**
[trænspərtéiʃən]
- 명 운송(수송), 교통수단
- 동 transport 운송(수송)하다(convey)
- ◆ No **transportation** is available to the village.
  그 마을로 가는 교통수단은 아무 것도 없다.

416☐ **whereas**
[(h)wɛ(ː)rǽz]
- 전 반면에
- ◆ She is slender, **whereas** her sister is fat.
  그녀는 호리호리한 반면, 그녀의 여동생은 뚱뚱하다.

417☐ **control**
[kəntróul]
- 명동 통제(하다), 관리(하다)
- ◆ birth **control** 산아 제한
- ◆ **control** tower 관제탑

418☐ **policy**
[páləsi]
- 몡 정책, 방침
- ◆ the present government's **policy** on education
  교육에 대한 현 정부의 정책

419☐ **apparent**
[əpǽrənt]
- 혱 명백한(clear), 외관상의   閉 apparently 명백히
- ◆ an **apparent** fact 명백한 사실

420☐ **preserve**
[prizə́ːrv]
- 동 보존하다(conserve), 유지하다
- 몡 preservation 보존, 유지
- 혱 preservative 보존의, 예방의   몡 방부제
- ◆ efforts to **preserve** wild plants 수능기출
  야생 식물을 보존하기 위한 노력들

421☐ **decent**
[díːsənt]
- 혱 품위 있는, 상당한
- ◆ a **decent** family 신분이 높은 집안
- ◆ a **decent** amount of money 상당한 액수의 돈

422☐ **numerous**
[njúːm(ə)rəs]
- 혱 매우 많은   몡혱 numeral 숫자, 수의
- 혱 numerable 셀 수 있는
- ◆ I have **numerous** things to do. 할 일이 엄청나게 많다.

423☐ **conscious**
[kánʃəs]
- 혱 의식적인, 알고 있는(aware) (↔unconscious 무의식적인)
- 몡 consciousness 의식, 자각
- ◆ be **conscious** of ~을 의식(자각)하고 있다

424 **flourish**
[flə́:riʃ]
- 동 번창(번성)하다(thrive)
- 형 flourishing 번창하는, 무성한
- ◆ a flourishing business 번창하는 사업

425 **entertain**
[èntərtéin]
- 동 즐겁게 하다(amuse), 대접하다
- 명 entertainment 오락, 대접
- 명 entertainer 연예인
- 형 entertaining 재미있는, 즐거운
- ◆ to entertain customers 고객들을 즐겁게 하기 위해

426 **exact**
[igzǽkt]
- 형 정확한 부 exactly 정확히, 바로
- ◆ exactly at seven o'clock 7시 정각에

427 **submit**
[səbmít]
- 동 제출하다, 복종시키다(surrender)
- 명 submission 복종
- 형 submissive 복종하는
- ◆ submit a report 보고서를 제출하다

428 **population**
[pàpjuléiʃən]
- 명 인구, 주민
- ◆ an increase in population 인구 증가

429 **abuse**
[əbjú:z]
- 동 남용하다(misuse), 학대하다
- 명[əbjú:s] 남용, 학대
- ◆ abuse rights 권리를 남용하다

Check up (13th-15th day)

1) 다음 영어는 우리말로, 우리말은 영어로 쓰시오.(1-14)

1. precious
2. overcome
3. release
4. promise
5. attractive
6. accompany
7. sufficient
8. 위원회
9. 생물학
10. 맛
11. 실험
12. 산업
13. 경력
14. 정책

2) 다음 빈 칸에 알맞은 단어를 쓰시오.(15-24)

15. _____ paper — 재생지
16. a _____ of callers — 방문객의 쇄도
17. an _____ ticket — 입장권
18. a graduation _____ — 졸업식
19. a _____ of insurance — 보험 계약
20. a _____ engagement — 선약
21. a _____ alley — 좁은 골목길
22. a driver's _____ — 운전 면허증
23. a _____ evening — 즐거운 밤
24. birth _____ — 산아 제한

Speed Test

crosswalk	횡단보도	application form	지원서
hang up	전화를 끊다	journal	정기 간행물
journalist	기자	bill	계산서
resume	이력서	check	수표
envious	질투하는	romantic	낭만적인
passenger	승객	envelope	봉투

정답 1.귀중한 2.극복하다 3.석방하다 4.약속하다 5.매력적인 6.동행하다 7.충분한 8.committee 9.biology 10.taste 11.experiment 12.industry 13.career 14.policy 15.recycled 16.flood 17.admission 18.ceremony 19.contract 20.previous 21.narrow 22.license 23.pleasant 24.control

Day 16

430 □ **capable** 형 ~할 수 있는(↔incapable), 유능한(competent)
[kéipəbl] 명 capacity 수용력, 능력
명 capability 능력
◆ be capable of ~ 할 수 있다 수능기출
◆ a capable teacher 유능한 교사

431 □ **prescription** 명 처방(전), 규정 동 prescribe 처방하다, 규정하다
[priskrípʃən] ◆ compound medical prescriptions 처방약을 조제하다

432 □ **capital** 명 수도, 대문자, 자본(금)
[kǽpitl] ◆ fixed capital 고정 자본
◆ Cairo is the capital of Egypt. 카이로는 이집트의 수도이다.

433 □ **self-confidence** 명 자신(감)
[sélf-kánfidəns]

434 □ **pure** 형 순수한, 깨끗한(↔ impure) 동 purify 깨끗하게 하다
[pjúər] 명 purity 순결
◆ pure gold 순금

435 □ **ecosystem** 명 생태계
[í:kəsìstəm] ◆ equilibrium of ecosystem 생태계의 평형

89

436□ **urge**
[əːrdʒ]
- 동 재촉하다, 주장하다
- 형 urgent 긴급한
- 명 urgency 긴급
- ◆ an urgent meeting 긴급 회의

437□ **comfort**
[kʌ́mfərt]
- 동 위로(위안)하다, 편하게 하다   명 위로, 편안함
- 형 comfortable 편안한(↔ uncomfortable)
- ◆ words of comfort 위로의 말

438□ **stomach**
[stʌ́mək]
- 명 위, 복부(belly)
- ◆ A stomach is a digestive organ. 위는 소화 기관이다.

439□ **drain**
[drein]
- 동 물이 빠지다, 고갈시키다(exhaust)
- 명 배수, (pl)하수시설
- ◆ The water drained through a small hole.
물이 작은 구멍으로부터 줄줄 흘러나왔다.

440□ **absolute**
[ǽbsəlùːt]
- 형 절대적인(↔ relative 상대적인)
- 부 absolutely 절대적으로, 전적으로(entirely)
- ◆ You are absolutely right. 네가 절대적으로 옳다.

441□ **reform**
[rifɔ́ːrm]
- 명동 개혁(하다), 개정(하다)
- 명 reformation 개혁, 개정
- ◆ reform a system 제도를 개혁하다

442 □ **violent**
[váiələnt]
- 형 폭력적인, 격렬한 명 violence 폭력, 격렬(함)
- ◆ violent movies 폭력(적인) 영화

443 □ **summit**
[sʌ́mit]
- 명 정상(top)(↔ bottom)
- ◆ summit conference 정상 회담
- ◆ The mountain is steepest at the summit. 수능기출
  산은 정상에서 가장 가파르다.

444 □ **tropical**
[trápikəl]
- 형 열대(지방)의
- ◆ a tropical rain forest 열대우림

445 □ **sorrow**
[sárou]
- 명 슬픔(grief) 동 슬퍼하다 형 sorrowful 슬픈(sad)
- ◆ to one's sorrow 슬프게도

446 □ **monument**
[mánjumənt]
- 명 기념비, 기념물 형 monumental 기념(비)의, 불후의
- ◆ a natural monument 천연 기념물

447 □ **prohibit**
[pro(u)híbit]
- 동 금지하다(forbid) 명 prohibition 금지(령)
- ◆ prohibit liquor-selling 주류 판매를 금지하다

448 □ **address**
[ədrés]
- 명 주소, 연설(speech) 동 연설하다
- ◆ a present address 현주소
- ◆ address the audience 청중에게 연설하다

91

449 □ **further**
[fə́ːrðər]
㉶ 더 멀리, 게다가
◆ It's **further** than a mile from here.
여기서 1마일 이상 더 멀다.

450 □ **device**
[diváis]
㊍ 고안, 장치 ㊌ devise[diváiz] 고안(발명)하다
◆ a safety **device** 안전 장치

451 □ **translate**
[trænsléit]
㊌ 번역하다, 해석하다 ㊍ translation 번역, 해석
◆ **translate** French **into** English 프랑스어를 영어로 번역하다

452 □ **conception**
[kənsépʃən]
㊍ 개념 ㊍ concept 개념, 관념
㊌ conceive 마음에 품다, 생각하다
◆ an abstract **concept** 추상적 개념

453 □ **universe**
[júːnivə̀ːrs]
㊍ 우주, 전세계 ㊎ universal 우주의, 일반적인
㉶ universally 널리, 일반적으로
◆ explore the **universe** 우주를 탐험하다 〈수능기출〉

454 □ **trial**
[tráiəl]
㊍ 시도(attempt), 시련, 재판 ㊌ try 시도하다
◆ a criminal **trial** 형사 재판, **trial and error** 시행 착오

455 □ **frank**
[fræŋk]
㊎ 솔직한
◆ a **frank** opinion 솔직한 의견

456 □ **consume**
[kənsúːm]
- 동 소비하다(↔ produce 생산하다)
- 명 consumption 소비
- 명 consumer 소비자
- ◆ electricity **consumption** 전기 소비 수능기출

457 □ **liable**
[láiəbl]
- 형 ~하기 쉬운, 책임(의무)이 있는
- ◆ **be liable to** catch cold 감기에 걸리기 쉽다
- ◆ **be liable for** damage 손해 배상의 책임이 있다

458 □ **genre**
[ʒάːnr(ə)]
- 명 종류, 장르, 풍속화
- ◆ a **genre** painting 풍속화

459 □ **dedicate**
[dédikèit]
- 동 헌신하다(devote), 바치다
- 명 dedication 헌신, 헌납
- ◆ **dedicate oneself to** ~에 몸을 바치다, 전념하다
- ◆ **dedicate oneself to** politics 일생을 정치에 바치다

460 □ **fee**
[fiː]
- 명 요금, (의사, 변호사 등에게 주는)사례, 수수료
- ◆ an admission **fee** 입장료
- ◆ a doctor's **fee** for a visit 왕진료

461 □ **flexible**
[fléksəbl]
- 형 융통성이 있는, 구부리기 쉬운(↔ inflexible 확고한)
- 명 flexibility 융통성
- ◆ a **flexible** system 융통성이 있는 제도

Day 17

462 □ **prey**
[prei]
명 먹이, 희생(자)
- a prey to disease 병에 시달리는 사람
- Deer were its natural prey. 수능기출
  사슴은 본래 그것의 먹이였다.

463 □ **swallow**
[swálou]
동 삼키다 명 제비
- swallow the bait 미끼를 삼키다

464 □ **enable**
[inéibl]
동 가능하게 하다(to)
- enable A to B A가 B할 수 있게 하다
- enable them to make good use of the wind 수능기출
  그것들이 바람을 잘 이용할 수 있게 하다

465 □ **wrap**
[ræp]
동 싸다, 포장하다
- Shall I wrap the gift? 선물을 포장할까요?

466 □ **fare**
[fɛər]
명 (교통 수단의)요금, 운임
- a railroad fare 철도 운임

467 □ **cancel**
[kǽns(ə)l]
동 취소하다
- cancel permission 허가를 취소하다

468 ☐ tremendous ⑱ 엄청난, 무서운
[triméndəs]
- ◆ a tremendous amount of experience 엄청난 양의 경험
- ◆ a tremendous explosion 무시무시한 폭발

469 ☐ acute ⑱ 날카로운, 예리한
[əkjúːt]
- ◆ an acute sense of smell 예리한 후각

470 ☐ conceal ⑧ 감추다(hide)
[kənsíːl]
⑲ concealment 은폐, 잠복
- ◆ be concealed by the tree 나무에 가려 보이지 않다

471 ☐ remark ⑧ 주의(주목)하다, 말하다 ⑲ 주목, 논평
[rimáːrk]
⑱ remarkable 주목할 만한, 현저한
- ◆ your remarkable achievement in college 〔수능기출〕
  네가 대학에서 이룬 주목할 만한(탁월한) 성취

472 ☐ rare ⑱ 보기 드문, 진귀한
[rɛər]
⑨ rarely 드물게, 좀처럼 ~않다(seldom)
- ◆ rare occasions 좀처럼 없는 기회
- ◆ He is rarely late. 그는 좀처럼 늦지 않는다.

473 ☐ route ⑲ 길, 통로
[ruːt]
- ◆ an overland route 육로
- ◆ on the route 도중(에)

474☐ **suit** ⓓ 적합하다, 어울리다 ⓜ 한 벌, 소송(lawsuit)
[suːt] ⓗ suitable 알맞은
- **a suit of** cloths 옷 한 벌
- Do these shoes **suit** you fine?
 이 신발은 너에게 잘 맞느냐?

475☐ **magnificent** ⓗ 장엄한, 훌륭한 ⓜ magnificence 웅대, 장엄
[mægnífisnt] - a **magnificent** palace 웅대한 궁전

476☐ **poison** ⓜ 독(약)
[pɔ́izn] ⓗ poisonous 독이 있는, 해로운
- kill oneself by **poison** 음독 자살 하다
- **poison** gas 독가스

477☐ **task** ⓜ 직무(duty), 일
[tæsk]
- the home **task** 숙제
- do one's **task** 일을 하다

478☐ **imperative** ⓗ 피할 수 없는, 명령적인, 긴급한(urgent)
[impérətiv]
- an **imperative** tone of voice 명령투로
- an **imperative** duty 피할 수 없는 의무

479☐ **symptom** ⓜ 증상, 징후
[símptəm]
- flu **symptoms** 독감 증상

480 □ **conviction** 명 신념, 확신, 유죄 판결
[kənvíkʃən] 동 convict 유죄를 증명하다
- ◆ a man of strong **conviction** 신념이 강한 사람
- ◆ He was **convicted** for the murder.
  그는 살인죄로 유죄 판결을 받았다.

481 □ **mental** 형 정신의(spiritual) (↔ physical 육체의)
[méntl] 부 mentally 정신적으로
- ◆ a **mental** hospital 정신 병원

482 □ **seed** 명 씨, 종자 동 씨를 뿌리다
[siːd]
- ◆ sow **seeds** in the ground 땅에 씨를 뿌리다

483 □ **gain** 동 얻다, (↔ lose 잃다) 증가하다 명 이익(금), 증가
[gein]
- ◆ **gain** weight 몸무게가 늘다 (↔ lose weight)

484 □ **companion** 명 친구, 동반자
[kəmpǽnjən]
- ◆ Even if suffering is our only **companion**, ~ 수능기출
  비록 고통이 우리의 유일한 동반자 일지라도

485 □ **establish** 동 설립하다(found), 확립하다(↔ abolish 폐지하다)
[istǽbliʃ] 명 establishment 설립, 확립
형 established 확립된
- ◆ **establish** a high school 고등학교를 설립하다

486 □ **value** 　　　　명 가치
　　[vǽljuː] 　　명 valuables 귀중품
　　　　　　　　◆ the **value** of time 시간의 가치 〔수능기출〕

487 □ **witness** 　　명 목격자, 증인, 증거 동 목격하다, 증언하다
　　[wítnis] 　　　◆ **witness** an accident 사고를 목격하다

488 □ **carve** 　　　동 조각하다(inscribe)
　　[kɑːrv] 　　　◆ **carve** a name in marble 대리석에 이름을 새기다

489 □ **delicate** 　　형 섬세한, 미묘한, 허약한
　　[délikit] 　　　◆ a **delicate** difference 미묘한 차이

490 □ **refresh** 　　동 상쾌하게 하다, 새롭게 하다
　　[rifréʃ] 　　　 명 refreshment 원기회복, (pl) 음식물, 다과
　　　　　　　　형 refreshing 상쾌한
　　　　　　　　◆ **refreshing** drinks 청량 음료

491 □ **scholarship** 　명 장학금   명 scholar 학자
　　[skɑ́lərʃip] 　　◆ He is a **scholarship** student. 그는 장학생이다.

492 □ **tiny** 　　　　형 아주 작은
　　[táini] 　　　　◆ a **tiny** little boy 아주 작은 아이(꼬마)

Day 18

493 **distance**
[dístəns]
명 거리, 간격 형 distant 먼, 떨어진
◆ at a distance 좀 떨어져서

494 **agriculture**
[ǽgrikʌ̀ltʃər]
명 농업(farming) 형 agricultural 농업의
◆ agricultural chemicals 농약

495 **favor**
[féivər]
명 호의, 친절 형 favorable 호의적인, 유리한
형 명 favorite 아주 좋아하는, 마음에 드는 사람
◆ in favor of ~에 찬성하여, ~을 위하여

496 **probably**
[prábəbli]
부 아마(perhaps) 형 probable 있음직한, 유망한
명 probability 가망성
◆ It will probably rain. 아마 비가 올 것이다.

497 **grab**
[græb]
동 잡아채다, 횡령하다
◆ grab a purse 지갑을 낚아채다
◆ He grab me by the arm. 그는 나의 팔을 움켜쥐었다.

498 **shift**
[ʃift]
동 이동하나, ~을 변경하다 명 이동, 교대
◆ shift from one place to another 장소로 이동하다
◆ work in three shift 3교대로 근무하다

499 □ **mistake**
[mistéik]
- 명 실수, 잘못 동 ~을 틀리다, 오해하다
- 형 mistaken 잘못된
- ◆ make a mistake 실수하다

500 □ **adjust**
[ədʒʌ́st]
- 동 ~을 (~에)맞추다, 적응시키다(to), 조정하다
- 명 adjustment 적응, 조정
- ◆ adjust things to a standard 물건을 표준(규격)에 맞추다

501 □ **observe**
[əbzə́ːrv]
- 동 관찰하다, (규칙, 법 등을)준수하다
- 명 observation 관찰
- 명 observance 준수
- 형 observant 관찰력이 날카로운, (규칙, 법 등을)엄수하는
- ◆ observe an eclipse 일식을 관측하다
- ◆ observe a rule 규칙을 준수하다

502 □ **retire**
[ritáiər]
- 동 은퇴하다 명 retirement 은퇴
- 형 retired 은퇴한, 퇴직한
- ◆ We hope you enjoy your well-earned retirement.
  우리는 귀께서 열심히 일한 대가로 얻은 은퇴를 즐기시길 바랍니다. (수능기출)

503 □ **behalf**
[biháef]
- 명 이익, 이로움
- ◆ on behalf of ~을 대표하여, ~을 위하여
- ◆ on behalf of all the executives (수능기출)
  모든 중역들을 대표하여

504☐ **absorb**
[æbsɔ́:rb]
- 동 흡수하다, 열중하다 명 absorption 흡수, 몰두
- ◆ be absorbed in ~ 에 몰두하다

505☐ **automobile**
[ɔ́:təməbi:l]
- 명 자동차
- ◆ the automobile industry 자동차 산업

506☐ **emergency**
[imə́:rdʒənsi]
- 명 위급 상황, 비상 사태
- ◆ in an emergency 비상시에

507☐ **restrain**
[ristéin]
- 동 억제하다, 구금하다(confine) 명 restraint 억제, 제한
- ◆ restrain oneself (스스로를 억제하다) → 자제하다

508☐ **light**
[lait]
- 명 빛 형 가벼운
- 동 (light-lit / lighted-lit/lighted)
  ~에 불을 밝히다, 불을 붙이다
- ◆ The two table lamps lit. 수능기출
  두 개의 테이블 램프는 불이 켜져 있었다.

509☐ **atmosphere**
[ǽtməsfiər]
- 명 분위기, 대기
- ◆ a homely atmosphere 가정적인 분위기

510☐ **fever**
[fí:vər]
- 명 열 형 feverish 열이 있는
- ◆ a high fever 고열

511 **fitness** ⑲건강, 적합(성) ⑱ fit 적합한, 알맞은
[fítnis]
◆ physical movement and **fitness** 〔수능기출〕
신체 운동과 건강

512 **climate** ⑲ (어떤 지역의)기후
[kláimit]
◆ an influence of the **climate** 기후의 영향

513 **humid** ⑱ 습기 찬(damp) ⑲ humidity 습도, 습기
[hjú:mid]
◆ **humid** air 습한 공기

514 **landscape** ⑲ 풍경(화), 경치(view)
[lǽndskèip]

515 **survey** ⑲ 조사 ⑧ [sə:rvéi] 조사하다
[sə́:vei]
◆ a market **survey** 시장 조사

516 **shrink** ⑧ 오그라들다, 줄다 ⑲ shrinkage 수축
[ʃriŋk]
◆ The **shirt** shrunk. 셔츠가 줄어들었다.

517 **majority** ⑲ 대다수(↔ minority 소수)
[mədʒɔ́:riti] ⑱ major 다수의, 주요한 ⑲ 전공 ⑧ 전공하다(in)
◆ the vast **majority** of Americans 〔수능기출〕
대다수의 미국인들

518 **awful** 혱 무서운, 지독한 혱 awe-some 두려운, 무서운
[ɔ́ːfəl] 몡 awe 경외
- an **awful** cold 지독한 감기

519 **system** 몡 조직, 체계, 제도 혱 systematic 조직적인
[sístəm]
- the solar **system** 태양계

520 **merciful** 혱 자비로운, 인정 많은(↔ merciless 무자비한)
[mə́ːrsifəl] 몡 mercy 자비, 연민(pity)
- at the **mercy** of ~에 좌우되어, **merciful** death 안락사

521 **habit** 몡 습관 혱 habitual 습관적인
[hǽbit]
- eating **habits** 식습관

522 **shelter** 몡 피난(처), 은신(처) 동 피난하다, 보호하다
[ʃéltər]
- a **shelter** from the rain 비를 피하는 곳

523 **wrinkle** 몡동 주름(지게하다)
[ríŋkl]
- a face **wrinkled** with age 나이 들어 주름진 얼굴

524 **notorious** 혱 악명 높은, (나쁜 뜻으로) 소문난
[no(u)tɔ́ːriəs]
- be **notorious** for ~로 악명이 높다
- a **notorious** gambler 소문난 도박사

Check up (16th-18th day)

1) 다음 영어는 우리말로, 우리말은 영어로 쓰시오.(1-14)

1. violent
2. entertain
3. comfort
4. absolute
5. dedicate
6. cancel
7. magnificent
8. 주소
9. 솔직한
10. 수도
11. 소비하다
12. 친구
13. 독
14. 농업

2) 다음 빈 칸에 알맞은 단어를 쓰시오.(15-24)

15. a _____ teacher 유능한 교사
16. an _____ meeting 긴급 회의
17. _____ conference 정상 회담
18. a natural _____ 천연 기념물
19. a railroad _____ 철도 운임
20. _____ a high school 고등학교를 설립하다
21. an _____ sense of smell 예리한 후각
22. at a _____ 조금 떨어져서
23. be _____ in ~에 몰두하다
24. a homely _____ 가정적인 분위기

Speed Test

permanent	영구적인(eternal)	beware (of)	조심(주의)하다
remedy	치료법	approve	찬성(승인)하다
introduce	소개하다	determine	결정(결심)하다
monopoly	독점권	delay	지연(연기)하다
forecast	예언(하다)	precise	정확한(exact)
exit	출구	recreation	오락(pastime)

정답 1.폭력적인 2.즐겁게하다 3.위로하다 4.절대적인 5.헌신하다 6.취소하다 7.장엄한 8.address 9.frank 10.capital 11.consume 12.companion 13.poison 14.agriculture 15.capable 16.urgent 17.summit 18.monument 19.fare 20.establish 21.acute 22.distance 23.absorbed 24.atmosphere

525 deprive
[dipráiv]
- 동 빼앗다 명 deprivation 박탈 형 deprived 빈곤한
- ◆ deprive A of B A에게서 B를 빼앗다
- ◆ deprive a man of his property 남에게서 재산을 빼앗다

526 traffic
[trǽfik]
- 명형 교통(의)
- ◆ traffic signal 교통 신호

527 above
[əbʌ́v]
- 전 ~위에(on), ~을 초월하여, ~이상으로 부 ~위로,~이상
- ◆ above all 무엇보다도 먼저
- ◆ above the horizon 수평선 위에
- ◆ a man above sixty 60세가 넘는 사람

528 organization
[ɔ̀ːrgənizéiʃən]
- 명 조직, 단체, 기구 동 organize 조직하다
- ◆ the World Health Organization 세계 보건 기구(WHO)

529 subtract
[səbtrǽkt]
- 동 빼다, 공제하다 명 subtraction 뺄셈, 공제
- ◆ subtract 3 from 10 10에서 3을 빼다

530 render
[réndər]
- 동 주다, 갚다
- ◆ render good for evil 악을 선으로 갚다

531 □ **merit**
[mérit]
- 몡 장점
- ◆ **make a merit of** ~을 자랑하다, 자만하다
- ◆ Courage and endurance are his **merits**
  용기와 인내가 그의 장점이다.

532 □ **spare**
[spɛər]
- 혱 여분의, 예비의 동 아끼다, 할애하다
- ◆ a **spare** tire 예비 타이어

533 □ **indicate**
[índikèit]
- 동 가리키다(point to), 나타내다
- 명 indication 지시, 표시
- 명 indicator 지시하는 것(지표)
- ◆ The fact **indicates** that the problem is probably ours. 수능기출
  그 사실은 문제가 우리에게 있을 수도 있다는 것을 가리킨다.

534 □ **survive**
[sərváiv]
- 동 살아남다, ~보다 오래 살다 명 survival 생존
- 명 survivor 생존자
- ◆ His wife **survived** him a few years.
  그의 아내는 그보다 몇 년 더 살았다.

535 □ **excel**
[iksél]
- 동 (남보다) 뛰어나다, 탁월하다
- 혱 excellent 뛰어난, 훌륭한 명 excellence 우수, 우월
- ◆ I propose that our children focus on areas in which they **excel**. 수능기출
  나는 아이들에게 그들이 뛰어난 분야에 집중하라고 제안한다.

536□ **hold**
[hould]
- ⑧ 잡다, 유지하다, 개최하다
- ◆ **hold** a person by the neck 멱살을 잡다
- ◆ **hold** an argument 토론을 계속하다
- ◆ **hold** a meeting 집회를 개최하다

537□ **native**
[néitiv]
- ⑱ 타고난(inherent), 본국의, 원주민의
- ◆ a **native** speaker of English 영어를 모국어로 쓰는 사람

538□ **surround**
[səráund]
- ⑧ 둘러싸다 ⑱ surrounding 주위의, 에워싸는
- ⑲ surroundings 환경
- ◆ Teens **surround** themselves with imaginary audiences. 수능기출
  십대들은 가상의 청중들에 의해 둘러싸여 있다.

539□ **youth**
[juːθ]
- ⑲ 젊음, 젊은이
- ◆ the secret of eternal **youth** 불로 장생의 비결
- ◆ a promising **youth** 전도 유망한 청년

540□ **elderly**
[éldərli]
- ⑱ 나이가 지긋한
- ⑱⑲ elder 손위의, 선배(의), 연장자
- ◆ an **elder** brother, ⑱ the **elderly** 노인들 수능기출

541□ **attempt**
[ətémpt]
- ⑲⑧ 시도(하다)
- ◆ **attempt** to solve a problem 문제를 풀려고 시도하다

107

542☐ **revival**
[riváivəl]
- 명 부활, 소생 동 revive 부활하다
- ◆ The economy is beginning to **revive**.
  경제가 다시 살아나기 시작한다.

543☐ **consequently**
[kánsikwəntli]
- 부 결과적으로 명 consequence 결과
- 형 consequent 결과로서 일어나는
- ◆ in consequence 그 결과

544☐ **refuse**
[rifjúːz]
- 동 거절(거부)하다 명 refusal 거절, 우선권
- ◆ Successful people **refuse** to give up. 수능기출
  성공하는 사람들은 포기하기를 거부한다.
- ◆ give a flat **refusal** 딱 잘라 거절하다

545☐ **species**
[spíːʃi(ː)z]
- 명 종(種), 종류(sort)
- ◆ the human **species** 인류(mankind)
- ◆ the Origin of **Species** 종의 기원

546☐ **movement**
[múːvmənt]
- 명 운동 동 move 움직이다, 이사하다, 감동시키다
- ◆ the religious **movement** 종교 운동

547☐ **resist**
[rizíst]
- 동 저항(대항)하다 명 resistance 저항
- 형 resistant 저항하는
- ◆ The temptation was too strong to be **resisted**.
  그 유혹은 도저히 이겨낼 수 없었다.

548 □ journey
[dʒə́ːrni]
- 명 여행(trip)
  - ◆ make(or take) a journey 여행을 하다
  - ◆ a journey around the world 세계 일주 여행

549 □ casual
[kǽʒuəl]
- 형 우연한, 무심결의(careless)　명 평상복
  - ◆ a casual meeting 우연한 만남

550 □ liberty
[líbərti]
- 명 자유　형 liberal 자유주의의, 너그러운
  - ◆ religious liberty 종교의 자유

551 □ common
[kámən]
- 형 공통의, 일반의(ordinary)
  - ◆ common sense 상식
  - ◆ the most common mistake made by amateur photographers 〔수능기출〕
    아마추어 사진 작가들이 저지르는 가장 흔한 실수

552 □ vocabulary
[voukǽbjulèri]
- 명 어휘
  - ◆ a tourist's minimum vocabulary
    여행자로서 최소한으로 필요한 어휘

553 □ authority
[əθɔ́ːriti]
- 명 권위, 권한, (보통 pl) 당국
- 동 authorize ~에게 권한을 주다, 인가(허가)하다
  - ◆ by the authority of ~의 권한으로, ~의 허가를 얻어
  - ◆ government authorities 정부 당국

554 □ **diversity**
[daivə́ːrsiti]
- 명 다양성(variety)
- 형 diverse 다양한(varied), 다른(different)
- 동 diversify 다양화하다
- ◆ **diverse** experiences 다양한 경험

555 □ **rude**
[ruːd]
- 형 무례한(impolite)
- ◆ Her **rude** manner annoyed me.
  그녀의 무례한 태도가 나를 짜증나게 했다.

556 □ **moreover**
[mɔːróuvər]
- 부 더욱이, 게다가 (besides, furthermore)
- ◆ She is beautiful. **Moreover**, she is rich.
  그녀는 아름답다. 게다가 부자이기도 하다.

557 □ **suspend**
[səspénd]
- 동 중지하다, 매달다 명 suspense 불안, 걱정
- 명 suspension 중단, 매달기
- ◆ **suspend** a lamp from the ceiling
  등불을 천장에 매달다

558 □ **distinguish**
[distíŋgwiʃ]
- 동 구별(식별)하다 형 distinct 구별되는, 다른, 뚜렷한
- 명 distinction 구별
- ◆ **distinguishing** the original from the fake 수능기출
  원작과 가짜를 구별하기

559 □ **extinguish** 동 끄다(put out), ~을 절멸시키다
[ikstíŋgwiʃ]
명 extinction 멸종
형 extinct 멸종한
- ◆ **extinguish** a fire 화재를 진화하다
- ◆ be preserved in a museum like an **extinct** species
  멸종된 종처럼 박물관에 보존되다 수능기출

560 □ **suburb** 명 교외, 근교 형 suburban 교외의
[sʌ́bəːrb]
- ◆ in the **suburbs** of Seoul 서울 교외에

561 □ **urban** 형 도시의(↔ rural 시골의)
[ə́ːrbən]
- ◆ **urban** population 도시 인구

562 □ **succeed** 동 성공하다(in) 명 success 성공
[səksíːd]
형 successful 성공한
동 계승하다(to) 명 succession 연속, 계승
형 successive 연속하는, 계승하는
- ◆ **succeed in** business 사업에 성공하다
- ◆ He **succeeded to** his father's estate.
  그는 아버지 재산을 이어받았다.

563 □ **conclude** 동 결론짓다 명 conclusion 결론
[kənklúːd]
- ◆ They **concluded** the plan to be the best.
  그들은 그 안이 최선이라고 결론지었다.
- ◆ **in conclusion** 끝으로, 마지막으로

564 □ **junk**
[dʒʌŋk]
명 쓰레기, 잡동사니
◆ **junk** mail 요청하지 않았는데 받은 광고성 메일(spam mail)

565 □ **colony**
[kάləni]
명 식민지, 거류지 형 colonial 식민지의
◆ Once India was a **colony** of England.
한 때 인도는 영국의 식민지였다.
◆ a **colony** of artists 예술인 마을

566 □ **despite**
[dispáit]
전 ~에도 불구하고(in spite of)
◆ **Despite** the slow service, ~ 수능기출
느린 서비스에도 불구하고

567 □ **visual**
[víʒuəl]
형 시각의, 눈에 보이는 형 visible 보이는, 뚜렷한
명 vision 시력, 통찰력
◆ **visual** education 시각 교육

568 □ **dominate**
[dάminèit]
동 통치(지배)하다 명 domination 통치, 지배
형 dominant 지배적인, 유력한
◆ be under the **domination** of ~의 지배하에 있다

569 □ **lower**
[lóuər]
동 낮추다, 내리다 형 low 낮은
◆ Could you **lower** the price a little? 수능기출
가격을 조금 깎을 수 있나요?

570 **fame** 몡 명성, 평판(reputation)
[feim] 혱 famous 유명한(↔infamous 악명 높은)
◆ world-wide fame 세계적인 명성

571 **barrier** 몡 장벽, 장애물
[bǽriər] ◆ the language barrier 언어 장벽

572 **remember** 동 기억하다, 생각해 내다(↔ forget 잊다)
[rimémbər] ◆ remember a name 이름을 생각해 내다

573 **swear** 혱 맹세하다
[swɛər] ◆ swear to God 신에게 맹세하다

574 **complement** 몡 보완(물), 보충(물) 혱 complementary 보충하는
[kámplimənt] 동 [kámpləmènt] 보완하다, 보충하다
◆ The team needs players who complement each other.
그 팀은 서로를 보완해 주는 선수들을 필요로 한다.

575 **status** 몡 지위(신분), 상황
[stéitəs] ◆ social status 사회적 지위, financial status 재정 상태

576 **ambition** 몡 대망, 야망
[æmbíʃən] 혱 ambitious 야심적인, 열망하는(eager)
◆ Boys, be ambitious! 소년들이여, 야망을 가져라!

577 ☐ enhance
[inhǽns]
- 동 향상시키다
- ◆ enhance safety 안전성을 향상시키다

578 ☐ justice
[dʒʌ́stis]
- 명 정의, 공정 형 just 올바른, 정당한
- 동 justify 정당화하다
- ◆ a sense of justice 정의감

579 ☐ naughty
[nɔ́ːti]
- 형 장난꾸러기인, 나쁜
- ◆ a naughty boy 장난꾸러기

580 ☐ secure
[sikjúər]
- 형 안전한(safe), 확실한 동 (안전하게)지키다, 보증하다
- 명 security 안전, 보증 부 securely 안전하게
- ◆ They were securely locked into their barns. 〔수능기출〕
  그들은 외양간에 안전하게 가둬졌다.
- ◆ the right to secure private information 〔수능기출〕
  사적인 정보를 지키는 권리

581 ☐ expensive
[ikspénsiv]
- 형 비싼(↔cheap) 명 expense 비용, 희생
- ◆ at the expense of ~을 희생하여

582 ☐ order
[ɔ́ːrdər]
- 명동 명령(하다), 주문(하다), 질서, 순서
- ◆ refuse orders 명령을 거부하다
- ◆ receive an order 주문을 받다
- ◆ in order to ~하기 위해

583 □ **garbage**
[gá:rbidʒ]
- 명 쓰레기(rubbish)
- ◆ clean up the garbage 쓰레기를 치우다 〔수능기출〕

584 □ **frame**
[freim]
- 명 구조, 뼈대, 틀 동 짜 맞추다, 틀에 끼우다
- 명 framework 구조, 뼈대
- ◆ a window frame 창틀
- ◆ frameless glasses 테 없는 안경

585 □ **alternative**
[ɔːltə́ːrnətiv]
- 명형 양자 택일(의), 대안(의)
- 동 alternate 교대하다
- ◆ alternative technology 대체 기술

586 □ **wipe**
[waip]
- 동 닦다
- ◆ wipe a dish 접시를 닦다

587 □ **perhaps**
[pərhǽps]
- 부 아마도(maybe, possibly)
- ◆ Perhaps he will not come. 그는 아마 오지 않을 것이다.

588 □ **durable**
[djúərəbl]
- 형 오래 견디는, 튼튼한
- ◆ durable goods 내구성 소비재
- ◆ durable friendship 항구적인 우정

115

589 **solution** [səlúːʃən]
명 해결, 용해 동 solve 해결하다
◆ Attempts to fine a **solution** have failed.
해결책을 찾으려는 시도는 실패했다.

590 **match** [mætʃ]
명 경기, 경쟁상대, 성냥 동 어울리다, 필적하다
◆ strike a **match** 성냥을 켜다, golf **match** 골프 경기
◆ He is no **match** for you. 그는 당신의 상대가 될 수 없다.

591 **beware** [biwέər]
동 조심하다, 경계하다
◆ **Beware of** pickpockets! 소매치기 조심!

592 **scientific** [sàiəntífik]
형 과학적인 명 science 과학 명 scientist 과학자
◆ natural **science** 자연 과학

593 **gratitude** [grǽtitjùːd]
명 감사 형 grateful 감사하는
◆ express **gratitude** to a person
남에게 감사의 뜻을 나타내다

594 **toward** [təwɔ́ːrd]
전 ~을 향하여
◆ walk **toward** the South 남쪽을 향해 걸어가다

595 **genetic** [dʒinétik]
형 유전적인 명 gene 유전자 명 genetics 유전학
◆ **genetic** engineering 유전 공학

596 □ **complete**
[kəmplíːt]
- 혱 완전한, 완성된(finished) 동 끝내다, 완료하다
- ◆ a **complete** victory 완승
- ◆ **complete** one's homework 숙제를 끝내다

597 □ **firm**
[fəːrm]
- 혱 확고한, 굳은 명 회사(company)
- ◆ **firm** friendship 변함없는 우정
- ◆ your contribution to this **firm** 〔수능기출〕
  이 회사에 대한 귀하의 공헌

598 □ **oblige**
[əbláidʒ]
- 동 강요하다(compel), 고맙게 여기게 하다(be obliged ; 감사하다)
- 명 **obligation** 의무, 책임, 은혜
- ◆ Parents **are obliged** by law **to** send their children to school.
  부모는 법률에 따라 자식을 학교에 보내야 한다.

599 □ **laboratory**
[lǽbərətɔ̀ːri]
- 명 실험실(lab)
- ◆ a chemical **laboratory** 화학 실험실

600 □ **festival**
[féstivəl]
- 명 축제(일) 혱 **festive** 축제의
- ◆ a music **festival** 음악제

601 □ **hygiene**
[háidʒiːn]
- 명 위생
- 혱 **hygienic**(–ical) 위생의
- ◆ public **hygiene** 공중 위생

602 □ **motivate**
[móutivèit]
- 동 동기를 부여하다 명 motive 동기
- 명 motivation 동기 부여
- ◆ the **motive** of a crime 범죄의 동기
- ◆ increase productivity through **motivating** employees
  근로자들에게 동기를 부여함으로써 생산성을 향상시키다

603 □ **qualification**
[kwɑ̀lifikéiʃən]
- 명 자격, 면허(증) 동 qualify 자격을 주다
- 형 qualified 자격이 있는
- ◆ a medical **qualification** 의사 면허증

604 □ **interrupt**
[ìntərʌ́pt]
- 동 방해하다, 중단시키다 명 interruption 방해(물), 중단
- ◆ When you begin noticing yourself **interrupting** others,~ 수능기출
  네가 다른 사람을 방해하고 있는 것을 알아차릴 때

605 □ **multiply**
[mʌ́ltiplài]
- 동 곱하다, 증가(번식)하다
- 명 multiplication 곱셈, 증식 형 multiple 다수의
- ◆ Germs **multiply** rapidly. 세균은 빨리 번식한다.

606 □ **progress**
[prɑ́gres]
- 명 진보, 진행 동 [prəgrés] 진보하다, 진행하다
- 형 progressive 전진하는, 진보적인
- 부 progressively 점진적으로
- ◆ Teaching Korean to foreigners has made steady **progress**. 수능기출
  외국인들에 대한 한국어 교육은 꾸준히 진보해 왔다.

607 **dozen**
[dʌ́zn]
명 열 둘
◆ **dozens of** people 수십 명의 사람들

608 **blood**
[blʌd]
명 혈액 동 bleed 출혈하다
형 bloody 피투성이의, 잔인한
◆ **blood** pressure 혈압
◆ **Blood** is thicker than water. 피는 물보다 진하다. 속담

609 **trust**
[trʌst]
명 신용(belief), 신뢰
형 trustworthy 신뢰할 수 있는, 믿을 수 있는(trusty)

610 **privilege**
[prív(i)lidʒ]
명동 특권(을 주다) 형 privileged 특권이 있는
◆ the **privileged** classes 특권 계급

611 **democracy**
[dimάkrəsi]
명 민주주의, 민주정치 형 democratic 민주정치의
동 democratize 민주화하다
◆ liberal **democracy** 자유 민주주의

612 **ensure**
[inʃúər]
동 확실하게 하다(make sure), 보증하다(guarantee)
◆ **ensure** the freedom of the press
출판의 자유를 보장하다

613 **rectangular**
[rektǽŋgjulər]
형 직사각형의, 직각의 명 rectangle 직사각형

Check up (19th-21th day)

1) 다음 영어는 우리말로, 우리말은 영어로 쓰시오.(1-14)

1. surround
2. vocabulary
3. indicate
4. suspend
5. conclude
6. ambition
7. naughty
8. 조직
9. 장점
10. 여행
11. 자유
12. 식민지
13. 기억하다
14. 감사

2) 다음 빈 칸에 알맞은 단어를 쓰시오.(15-24)

15. _____ signal   교통 신호
16. a _____ tire   예비 타이어
17. an _____ brother   형
18. the origin of _____   종의 기원
19. _____ sense   상식
20. in the _____ of Seoul   서울 교외에
21. receive an _____   주문을 받다
22. frameless _____   테없는 안경
23. _____ of pickpockets!   소매치기 조심!
24. _____ hygiene   공중위생

Speed Test

unable	할 수 없는	interview	면접(하다)
subtle	미묘한(delicate)	regret	후회하다
rent	집세, 임대(하다)	incur	초래하다, 입다
prudent	신중한	forget	잊다
proverb	속담	exhibit	최신의
misfortune	불운	elegant	우아한, 멋진

정답 1.둘러싸다 2.어휘 3.가리키다 4.중지하다 5.결론짓다 6.야망 7.못된 8.organization 9.merit 10.journey 11.liberty 12.colony 13.remember 14.gratitude 15.traffic 16.spare 17.elder 18.species 19.common 20.suburbs 21.order 22.glasses 23.beware 24.public

614□ **broadcast** 명동 방송(하다)
[brɔ́:dkæst]
◆ a **broadcasting** station 방송국

615□ **delicious** 형 맛있는
[dilíʃəs]
◆ **delicious** food 맛있는 음식

616□ **square** 명 정방형, 제곱, 광장
[skwɛər]
◆ The **square** of 5 is 25. 5의 제곱은 25이다.
◆ Madison **Square** 매디슨 광장

617□ **pray** 동 빌다(beg), 기도하다
[prei] 명 **prayer**[prɛər] 기도
◆ **pray** to God for help 신에게 구원을 빌다

618□ **symbol** 명 상징, 기호
[símbəl] 형 symbolic 상징적인
동 symbolize 상징하다, 기호로 나타내다
◆ Prior to the Renaissance, objects in the paintings were flat and **symbolic**. (수능기출)
르네상스 이전에는 그림에 있는 물체들이 평평하고 상징적이었다.
◆ a chemical **symbol** 화학 기호

121

619☐ **characteristic** 형 특유의 명 특성
[kæ̀riktərístik] 명 character 특징, 성격, 인격, 문자
- the **characteristic** taste of honey 벌꿀 특유의 맛
- a Chinese **character** 한자

620☐ **calculate** 동 계산하다(compute) 명 calculation 계산
[kǽlkjulèit]
- **calculate** the speed of light 빛의 속도를 계산하다
- a **calculating** machine 계산기

621☐ **reveal** 동 드러내다, 누설하다(disclose)(↔ conceal 감추다)
[rivíːl] 명 revelation 폭로
- He **revealed** his ignorance.
  그는 자신의 무지를 드러냈다.
- **reveal** a secret 비밀을 폭로하다

622☐ **export** 동 수출하다(↔ import 수입하다)
[ikspɔ́ːrt] 명 [ékspɔːrt] 수출(품)
- balance of imports and **exports** 수입과 수출의 균형

623☐ **cost** 명 가격(price), 비용, 희생(sacrifice)
[kɔːst] 동 (돈, 시간, 노력 따위가)들다, ~을 희생시키다
형 **costly** 비싼
- at all **costs**(at any **cost**) 어떤 희생을 치르더라도, 꼭
- How much does it **cost** to buy a car?
  자동차를 사는데 비용이 얼마나 드느냐?

624☐ **curious** ㉭ 호기심이 강한
[kjú(:)riəs]
㉢ curiosity 호기심
◆ One way of satisfying this **curiosity** is through travel. 수능기출
이 호기심을 만족시키는 방법의 하나는 여행을 하는 것이다.

625☐ **therapy** ㉢ 치료 요법
[θérəpi]
◆ **radiotherapy** 방사선 요법

626☐ **quick** ㉭ 빠른, 민첩한 ㉿ quickly 서둘러, 빨리
[kwik]
◆ Be **quick**! 서둘러라!

627☐ **entire** ㉭ 전체의(whole), 완전한
[intáiər]
㉿ entirely 완전히, 전적으로
◆ The **entire** village was destroyed.
마을 전체가 파괴되었다.

628☐ **department** ㉢ 과, 부(部), 부문
[dipá:rtmənt]
◆ the **Department** of Defense 국방부
◆ **department** store 백화점

629☐ **exhibit** ㉠ 전시하다(display)
[igzíbit]
㉢ exhibition 전시(회), 박람회
◆ an art **exhibition** 미술 전시회

123

630 □ **citizen**
[sítizn]
- 명 시민 명 citizenship 시민권
- ◆ a Korean **citizen** 한국 시민

631 □ **repair**
[ripɛ́ər]
- 명동 수리(하다), 수선(하다)(mend)
- 명 repairman 수리공
- ◆ **repair** a road 도로를 보수하다

632 □ **range**
[reindʒ]
- 명 범위 동 ~(에)걸치다, 정리하다
- ◆ study a broad **range** of subjects `수능기출`
  폭넓은 범위의 교과를 공부하다

633 □ **classify**
[klǽsifài]
- 동 분류하다, 등급으로 나누다 명 classification 분류
- ◆ everyday misunderstandings which are **classified** as "folk" understandings `수능기출`
  평민들의 생각으로 분류되는 일상의 잘못된 생각들

634 □ **illustrate**
[íləstrèit]
- 동 설명(예증)하다, 삽화를 넣다
- 명 illustration 설명, 예증, 삽화
- ◆ an **illustrated** book 그림책

635 □ **doubt**
[daut]
- 명동 의심(하다)
- 형 doubtful 의심스러운 (↔doubtless 확실히)
- ◆ I don't **doubt** of your success.
  나는 너의 성공을 의심치 않는다.

636□ **distract** 　⑧ (마음, 주의)를 딴데로 돌리다
　[distrǽkt]　 ⑲ distractive 혼란시키는(divert)
　　　　　　　 ⑲ distraction 혼란, 방심
　　　　　　　 ◆ distract from ~에서 벗어나다 수능기출

637□ **demonstrate** ⑧ 논증하다, 시위하다　⑲ demonstration 논증, 시위 운동
　[démənstrèit]　 ⑲ demonstrative 노골적인, 명시하는
　　　　　　　　 ◆ demonstrate against a racial prejudice
　　　　　　　　 　인종 차별에 항의하여 데모를 하다

638□ **acknowledge** 　⑧ 인정(승인)하다(admit)　⑲ acknowledgement 승인
　[əknάlidʒ]　 ◆ He **acknowledged** that he was wrong.
　　　　　　　 그는 자기의 잘못을 인정했다.

639□ **obstacle** 　⑲ 장애(물), 방해(물)
　[άbstəkl]　 ◆ **obstacle** race 장애물 경기

640□ **official** 　⑲ 공적인, 공식의　⑲ 공무원, 임원
　[əfíʃəl]　 ⑲ office 사무실
　　　　　　 ◆ **official** documents 공문서
　　　　　　 ◆ public **officials** 공무원

641□ **stain** 　⑧ 더럽히다, 염색하다　⑲ 얼룩, 점
　[stein]　 ◆ a blood **stain** 핏자국

642☐ **pace** 명 속도, 걸음
[peis]
◆ at a pace of four miles an hour
시간 당 4마일의 속도로

643☐ **telescope** 명 망원경
[téliskòup]
◆ an astronomical telescope 천체 망원경

644☐ **executive** 명 간부(임원) 형 실행의, 행정의
[igzékjutiv]
동 execute 실행하다, 집행하다
명 execution 실행, 집행
◆ on behalf of all the executives 수능기출
모든 중역들을 대표하여
◆ execute one's plan 계획을 실행하다

645☐ **ideal** 형 이상적인 명 이상 명 idealism 이상주의
[aidí(:)əl]
명 idea 생각, 관념
형 idealistic 이상주의적인
◆ the ideal and the real 이상과 현실

646☐ **restore** 동 회복시키다(recover) 명 restoration 회복
[ristɔ́:r]
형 restorative 회복시키는
◆ restore one's health 건강을 회복하다

647 □ **remove**
[rimúːv]
- 통 제거하다(get rid of)
- 명 removal 제거
- ◆ techniques of **removing** dirt 먼지를 제거하는 기술

648 □ **contain**
[kəntéin]
- 통 포함하다(include)
- 명 container 용기, 그릇
- ◆ The box **contains** 30 apples.
  그 상자에는 사과가 30개 들어 있다.

649 □ **possess**
[pəzés]
- 통 소유하다
- 명 possession 소유(물)
- 형 possessive 소유의, 소유욕이 강한
- ◆ the most precious **possessions** of mankind 수능기출
  인류의 가장 귀중한 소유물

650 □ **exclude**
[iksklúːd]
- 통 제외하다, 추방하다(expel) (↔include 포함하다)
- 명 exclusion 제외, 추방
- 형 exclusive 제외하는, 배타적인
- 전 excluding ~을 제외하고
- ◆ get closer to them to **exclude** unwanted objects 수능기출
  원치 않는 사물들을 제외시키기 위해 더 가까이 다가가다

651 □ **hire**
[háiər]
- 통 고용하다(employ)
- ◆ **hire** a clerk 점원을 고용하다

127

652□ **microscope** 몡 현미경
[máikrəskòup] ◆ Stain the specimen before looking at it under the **microscope**.
현미경으로 보기 전에 검체를 염색하시오.

653□ **propose** 동 제안하다, 청혼하다
[prəpóuz] 몡 proposal 제안, 청혼
◆ He **proposed** changing the name of the company.
그는 회사 이름을 바꿀 것을 제안했다.
◆ I **proposed** to her. 그녀에게 청혼을 했다.

654□ **counsel** 몡동 상담(하다), 조언(하다)(advice)
[káunsəl] 몡 counselor 상담원
◆ ask **counsel** 조언을 청하다

655□ **practical** 형 실제적인, 실용적인
[præktikəl] 몡동 practice 실행(하다), 연습(하다)
부 practically 실제로(really)
◆ **practical** affairs 실무
◆ a **practical** method 실용적인 방법

656□ **examination** 몡 시험(exam), 검사
[igzæminéiʃən] 동 examine 시험하다, 검사하다
몡 examiner 시험관, 검사원
◆ an entrance **exam** 입학 시험

128

657☐ **keen**
[kiːn]

혱 날카로운(sharp), 예리한(↔blunt 무딘)
◆ a **keen** edge of a razor 날카로운 면도날

658☐ **pledge**
[ple(ː)dʒ]

명 맹세, 담보 동 약속(맹세)하다
◆ **pledge** loyalty 충성을 맹세하다
◆ keep a watch as a **pledge**
시계를 담보물로 맡아두다

659☐ **utmost**
[ʌ́tmòust]

혱 최고의, 극도의(extreme)
◆ do one's **utmost** 최선을 다하다

660☐ **dumb**
[dʌm]

혱 벙어리의, 말이 막힌
◆ He was **dumb** with astonishment.
그는 놀라서 말이 나오지 않았다.
cf. deaf 귀머거리의, blind 눈 먼

661☐ **tempt**
[tempt]

동 유혹하다
명 temptation 유혹
◆ The offer **tempts** me.
그 제안에 마음이 끌린다.

662☐ **bow**
[bau]

동 머리를 숙이다, 인사하다 명 [bou] 활
◆ He stood up to **bow** his teacher.
그는 선생님께 인사하기 위해 일어섰다.

663 □ **aloud**　　㉻ 큰소리로(loudly), 소리를 내어
[əláud]
- read **aloud** 소리 내어 읽다

664 □ **manufacture** ⑧ 제조(생산)하다　⑲ 제조
[mæ̀njufǽktʃər]　⑲ **manufacturer** 제조업자
- **manufacturing** industry 제조업
- **manufacture** leather **into** shoes
  가죽으로 구두를 만들다

665 □ **overlook**　⑧ 내려다 보다
[òuvərlúk]　⑲ **overlooker** 감독(overseer)
- a house **overlooking** the ocean 바다가 내려다 보이는 집

666 □ **questionnaire**　⑲ 설문지
[kwèstʃənɛ́ər]

667 □ **abundant**　㉻ 풍부한, 많은(plentiful)
[əbʌ́ndənt]　⑲ **abundance** 풍부
- Here are wild flowers in **abundance**.
  여기에는 들꽃이 많다
- an **abundant** harvest 풍작

668 □ **statue**　⑲ 조각상
[stǽtʃuː]
- the **Statue** of Liberty 자유의 여신상

669☐ **guard**
[gɑːrd]
- ⑧ 지키다, 조심하다 ⑲ 경호인, 수위
- ⑲ guardian 보호자, 관리인
- ◆ The dog **guarded** his sleeping master.
  그 개는 잠든 주인을 지켰다.

670☐ **case**
[keis]
- ⑲ 경우, 사건, 상황, 상자
- ◆ in any case 여하튼(anyhow)
- ◆ in case of ~의 경우에는
- ◆ a case of injustice 부정 사건

671☐ **patriotism**
[péitriətìzm]
- ⑲ 애국심
- ⑲ patriot 애국자
- ⑱ patriotic 애국적인
- ◆ a wave of patriotism 애국심의 물결
- ◆ patriotic songs 애국가

672☐ **sow**
[sou]
- ⑧ (씨를)뿌리다
- ◆ sow a field with barley 밭에 보리씨를 뿌리다

673☐ **perfect**
[pə́ːrfikt]
- ⑱ 완전한, 완벽한(↔imperfect 불완전한)
- ⑭ perfectly 완전히
- ◆ a perfect wife 완벽한 아내

674 □ **cruel**
[krúːəl]
- 형 잔인한, 비참한 명 cruelty 잔인
- ◆ a **cruel** stepmother 잔인한 계모
- ◆ a **cruelty** of a war 전쟁의 비참함

675 □ **fragile**
[frǽdʒil]
- 형 깨지기 쉬운, 허약한
- ◆ **fragile** china 깨지기 쉬운 도자기

676 □ **launch**
[lɔːntʃ]
- 명동 착수(하다), 발사(하다)
- ◆ **launch** a new enterprise 새로운 사업에 착수하다

677 □ **dangerous**
[déindʒərəs]
- 형 위험한 명 danger 위험
- 동 endanger 위험에 빠뜨리다
- ◆ His life is in **danger**. 그의 생명이 위험하다.

678 □ **account**
[əkáunt]
- 명동 계산(하다), 설명(하다), 계좌
- 명 accountant 회계사
- ◆ **account for** ~을 설명하다(explain) 수능기출
- ◆ **on account of** ~ 때문에
- ◆ open an **account** (은행에) 계좌를 개설하다

679 □ **contrast**
[kəntrǽst]
- 명동 대조(하다), 대비(하다)
- 형 contrastive 대조적인
- ◆ **by contrast with** ~와 대조에 의해서
- ◆ **contrast** A with B A와 B를 대조하다

680 □ **expand**
[ikspǽnd]
- 동 확장하다(extend), 팽창시키다
- 명 expansion 확장, 팽창(expanse)
- 형 expansive 팽창의, 발전하는
- ◆ global markets that **expand** rapidly 수능기출
  빠르게 팽창하는 국제시장
- ◆ territorial **expansion** 영토 확장

681 □ **temporary**
[témpərèri/-rəri]
- 형 일시적인, 임시의
- ◆ a **temporary** address 임시 주소

682 □ **comprehend**
[kàmprihénd]
- 동 이해하다, 포함하다 명 comprehension 이해(력)
- 형 comprehensive 이해력 있는, 포괄적인
- ◆ Reading **comprehension** involves ons's knowledge of the world. 수능기출
  독해력은 세상에 대한 지식을 포함한다.

683 □ **brighten**
[bráitn]
- 동 밝아지다, 빛나게 하다 형 bright 밝은, 영리한(clever)
- ◆ His face **brightened** at the news.
  그 소식을 듣자 그의 얼굴은 환히 밝아졌다.
- ◆ a **bright** boy 영리한 소년

684 □ **enclose**
[inklóuz]
- 동 둘러싸다, 동봉하다(↔ disclose 드러내다)
- 명 enclosure 포위
- ◆ **enclose** a garden with a fence
  정원을 울타리로 둘러싸다

685☐ **prime**
[praim]
- 형 주요한, 제일의 명 전성기
- ◆ the **prime** minister 국무총리

686☐ **rely**
[rilái]
- 동 믿다, 의지하다(on/upon) 형 reliable 믿을 만한
- ◆ **rely on** = depend on = count on
- ◆ He can't be **relied upon**. 그는 믿을 수 없다.

687☐ **pour**
[pɔːr]
- 동 퍼붓다, 쏟다
- ◆ I **poured** out my fancies and my dreams onto the paper. 수능기출
  나는 나의 상상과 꿈을 그 종이 위에 쏟아 부었다.
- ◆ The rain **poured** down. 비가 억수같이 퍼부었다.

688☐ **pattern**
[pǽtərn]
- 명 양식, 무늬, 모범
- ◆ a car of a new **pattern** 신형 자동차
- ◆ **patterned** wallpaper 무늬가 있는 벽지

689☐ **craft**
[kræft]
- 명 항공기, 배, 솜씨, 공예
- ◆ arts and **crafts** 미술과 공예

690☐ **issue**
[íʃuː]
- 명 문제, 논쟁점, 발행 동 발행하다
- ◆ the **issue** of a newspaper 신문의 발행
- ◆ the first **issue** an infant faces right after birth
  유아가 출생 직후 직면하는 첫 번째 문제 수능기출

691 □ **descendant** 　명 자손, 후손(↔ ancestor 선조)
[diséndənt] 　동 descend 내려가다(↔ ascend 올라가다)
◆ a direct **descendant** 직계 자손

692 □ **suicide** 　명 자살
[sú:isàid] 　◆ commit **suicide** 자살하다

693 □ **combine** 　동 결합하다(join)　명 combination 결합
[kəmbáin] 　◆ **combine** two companies 두 회사를 합병하다

694 □ **appetite** 　명 식욕
[ǽpitàit] 　◆ have a good **appetite** 식욕이 왕성하다

695 □ **beat** 　동 때리다, 무찌르다
[bi:t] 　◆ the rain **beating** the window 창문을 때리는 비
◆ You can't **beat** me at tennis.
테니스에서는 너는 나를 이길 수 없다.

696 □ **abrupt** 　형 갑작스러운(sudden)
[əbrʌ́pt] 　◆ an **abrupt** change 갑작스러운 변화

697 □ **weigh** 　동 무게를 달다　명 weight 무게, 체중
[wei] 　◆ **weigh** oneself 체중을 달다

135

Check up (22th-24th day)

1) 다음 영어는 우리말로, 우리말은 영어로 쓰시오.(1-14)

1. examination
2. delicious
3. calculate
4. exhibit
5. acknowledge
6. counsel
7. dangerous
8. 방송
9. 상징
10. 수출하다
11. 시민
12. 범위
13. 식욕
14. 자손

2) 다음 빈 칸에 알맞은 단어를 쓰시오.(15-24)

15. the _____ minister — 국무총리
16. _____ pressure — 혈압
17. a chinese _____ — 한자
18. a _____ machine — 계산기
19. _____ store — 백화점
20. an astronomical _____ — 천체 망원경
21. _____ one's health — 건강을 회복하다
22. _____ industry — 제조업
23. _____ songs — 애국가
24. on _____ of — ~때문에

Speed Test

prescription	처방	adequate	충분한
ashamed	부끄러운	arrest	체포(하다)
autobiography	자서전	escape	달아나다(run away)
travel agency	여행사	discount	할인
bargain sale	염가 판매	infant	유아(의)(baby)
digest	소화하다	paradise	천국(utopia)

정답 1.시험 2.맛있는 3.계산하다 4.전시하다 5.인정하다 6.상담하다 7.위험한
8.broadcast 9.symbol 10.export 11.citizen 12.range 13.appetite 14.descendant
15.prime 16.blood 17.character 18.calculating 19.department 20.telescope 21.restore
22.manufacturing 23.patriotic 24.account

698 □ nationality 몡 국적
[næ̀ʃənǽliti]
◆ an airplane of unknown **nationality**
국적 불명의 항공기

699 □ fluently 틧 유창하게 혱 fluent 유창한 몡 fluence 유창함
[flúːəntli]
◆ speak **fluent** English 유창하게 영어를 말하다

700 □ misery 몡 비참, 불행
[mízəri] 혱 miserable 비참한, 불행한
◆ live in **misery** 비참한 생활을 하다

701 □ inspect 툉 검사하다, 시찰하다 몡 inspection 검사, 시찰
[inspékt] 몡 inspector 검사관
◆ a close **inspection** 엄밀한 검사

702 □ trivial 혱 하찮은, 시시한
[tríviəl]
◆ a **trivial** expenses 사소한 경비

703 □ sink 툉 가라앉다, 침몰하다 몡 싱크내, 하수통
[siŋk]
◆ The sun was **sinking** in the west.
해는 서쪽으로 넘어가고 있었다.

704□ **decorate**
[dékərèit]
- 동 장식하다 명 decoration 장식(품)
- 형 decorative 장식의
- ◆ show off their creatively **decorated** bicycles
  창의적으로 꾸며진 자기들의 자전거를 자랑하다 수능기출

705□ **skill**
[skil]
- 명 솜씨, 숙련 형 skil(l)ful 숙련된
- ◆ a man of **skill** 숙련자
- ◆ He has no **skill** in diplomacy.
  그는 외교적 수완이 없다.

706□ **prominent**
[prɑ́mənənt]
- 형 눈에 띄는, 현저한(outstanding), 저명한
- ◆ a **prominent** businessman 저명한 사업가

707□ **generate**
[dʒénərèit]
- 동 발생시키다
- 명 generation 세대, 발생
- ◆ **generation** gap 세대 차이
- ◆ In order to **generate** enough electricity 수능기출
  충분한 전기를 발생시키기 위해

708□ **dispose**
[dispóuz]
- 동 처리하다, ~을 배치하다
- 명 disposal 처리, 배치
- 명 disposition 기질, 처리
- ◆ **dispose** troops 부대를 배치하다
- ◆ God **disposes** all things according to his will.
  신은 스스로의 의사로 모든 일을 처리한다.

709 **obscure**
[əbskjúər]
- 형 애매한(ambiguous), 희미한(faint)
- 명 obscurity 애매
- ◆ obscure explanation 애매한 설명

710 **fatal**
[féitl]
- 형 치명적인, 운명의 명 fate 운명
- ◆ a fatal wound 치명상

711 **horrible**
[hɔ́:rəbl]
- 형 무서운(terrible) 명 horror 공포
- ◆ a horrible scene 무서운 광경

712 **engage**
[ingéidʒ]
- 동 약속하다, 종사하다(참여하다)
- 명 engagement 약혼, 약속, 고용
- ◆ engage oneself to ~을 약속하다, ~와 약혼하다
- ◆ the active engagement of the entire body 수능기출
  몸 전체의 능동적인 참여
- ◆ engage in many types of complex activities 수능기출
  많은 형태의 복잡한 활동에 참여하다

713 **rapid**
[rǽpid]
- 형 빠른 부 rapidly 빨리
- ◆ rapid growth 급속한 성장

714 **stumble**
[stʌ́mbl]
- 동 비틀거리다, 실수하다
- ◆ The old man stumbled along.
  노인은 비틀거리며 걸어갔다.

715□ **operate**
[ápərèit]
- 동 작동하다, 수술하다
- 명 operation 작동, 수술
  - ◆ **operate** on a patient for a tumor
    환자의 종양을 수술하다
  - ◆ This machine **operates** night and day.
    이 기계는 주야로 작동한다.

716□ **presentation**
[prèz(ə)ntéiʃən]
- 명 발표, 상연(상영), 증정(품)
  - ◆ The film is ready for **presentation** (수능기출)
    영화가 상영될 준비가 되다.
  - ◆ the ceremony of the **presentation** of ~의 증정식

717□ **feed**
[fi:d]
- 동 먹이다, 먹다
  - ◆ **be fed up with** ~에 싫증나다
  - ◆ The horse is **feeding** in the pasture.
    말이 목장에서 풀을 먹고 있다.

718□ **simultaneous**
[sàim(ə)ltéiniəs]
- 형 동시에 일어나는 (at the same time)
- 부 simultaneously 동시에
  - ◆ **simultaneous** interpretation 동시 통역

719□ **regard**
[rigá:rd]
- 동 간주하다(as)   명 (pl)안부의 말
  - ◆ **regard** A as B   A를 B로 간주하다
  - ◆ Give my best **regards** to your mother.
    어머니께 안부 말씀 전해주세요.

720 □ **arrive**
[əráiv]
- 동 도착하다(↔ depart 출발하다)
- 명 arrival 도착(↔departure 출발)
- ◆ He **arrived** after dark. 그는 어두워진 뒤에 도착했다.

721 □ **perspective**
[pərspéktiv]
- 명 원근법, 전망, 시각(견지)
- ◆ see the issue from a different **perspective**
  다른 시각에서 그 문제를 보다
- ◆ portray the essential form of objects in **perspective** 수능기출
  물체들의 본질적인 형태를 원근법으로 그리다

722 □ **superstition**
[sù:pərstíʃən]
- 명 미신 형 superstitious 미신적인
- ◆ According to ancient **superstition**, moles reveal a person's character. 수능기출
  고대의 미신에 따르면 점은 사람의 성격을 드러낸다.

723 □ **finish**
[fíniʃ]
- 동 ~을 끝내다(complete)
- ◆ **finish** writing a letter 편지를 다 쓰다

724 □ **attack**
[ətǽk]
- 명동 공격(하다)(↔defend 방어하다)
- ◆ **attack** an enemy 적을 공격하다

725 □ **revise**
[riváiz]
- 동 개정하다 명 revision 개정
- ◆ a **revised** edition 개정판

Day 26

726 □ risk
[risk]
명 위험(danger) 동 위태롭게 하다
- Smoking can increase the **risk** of developing heart disease.
  흡연은 심장 질환의 발병 위험을 증가시킬 수 있다.
- **at any risk = at all risks** 어떤 위험을 무릅쓰고라도

727 □ departure
[dipá:rtʃər]
명 출발(↔arrival 도착) 동 depart 출발하다
- just before **departure** 출발 직전에

728 □ appeal
[əpí:l]
동 호소하다, 간청하다(to) 명 호소, 매력
- **appeal to** public opinion 여론에 호소하다
- lose some of its **appeal** 수능기출
  매력의 일부를 상실하다

729 □ constant
[kánstənt]
형 끊임없는(continuous), 불변의
부 constantly 끊임없이
- Nature seems to be **constantly** changing. 수능기출
  자연은 끊임없이 변화하는 듯하다.

730 □ pile
[pail]
명 더미 동 쌓다, 쌓아 올리다
- She **piled** the boxes one on top of the other.
  그녀는 상자들을 쌓아 올렸다.

731 **sweep** [swiːp]
- 동 (sweep-swept-swept) 청소하다, 쓸다
- ◆ **sweep** a room clean 방을 깨끗이 청소하다

732 **evaluate** [ivǽljuèit]
- 동 평가하다 명 evaluation 평가
- ◆ **evaluate** a person by appearance 사람을 외모로 평가하다

733 **stubborn** [stʌ́bərn]
- 형 고집 센, 완고한
- ◆ a **stubborn** child 고집 센 아이

734 **senior** [síːnjər]
- 형 손위의, 연상의(↔ junior)
- 명 연장자, 선배, 대학 4학년생
- ◆ a **senior** officer 선임 장교
- ◆ **senior** citizen 노인 수능기출

735 **insect** [ínsekt]
- 명 곤충, 벌레
- ◆ be bitten by **insect** 벌레에 물리다
- ◆ bits of dead **insects** 죽은 곤충들 부스러기 수능기출

736 **primary** [práiməri]
- 형 주요한(chief), 첫째의
- ◆ the **primary** school 초등학교
- ◆ one of the **primary** characteristics of Renaissance art 수능기출
  르네상스 예술의 주된 특징 중 하나

737 □ **rid**
[rid]
- 동 제거하다
- ◆ get rid of ~을 제거하다

738 □ **suspect**
[səspékt]
- 동 의심하다 명 [sʌ́spekt] 용의자
- 형 suspicious 의심스러운 형 suspicion 의심
- ◆ a suspicious glance 의심하는 눈초리
- ◆ I suspected her motives in offering to help.
  나는 그녀가 도움을 제공한 동기를 의심했다.

739 □ **finally**
[fáinəli]
- 부 마침내, 최종적으로 (at last)
- ◆ Finally justice triumphed. 드디어 정의가 승리했다.

740 □ **continent**
[kɑ́ntinənt]
- 명 대륙 형 continental 대륙의
- ◆ throughout the continent 대륙 전체에서 〔수능기출〕

741 □ **facility**
[fəsíləti]
- 명 (보통pl) 시설, 기관
- ◆ educational facilities 교육 시설

742 □ **nutrition**
[nju:tríʃən]
- 명 영양(소) 형 nutritious 영양분이 있는

743 □ **plot**
[plɑt]
- 명 음모, 줄거리
- ◆ a plot against the government 반정부 음모

744 □ **search**
[səːrtʃ]
- 동 찾다, 수색하다(for) 명 수색, 탐구
- ◆ **in search of** ~을 찾아서
- ◆ Police **searched** the area **for** clues.
  경찰은 단서를 찾기 위해 현장을 수색했다.

745 □ **frighten**
[fráitn]
- 동 깜짝 놀라게 하다, 두렵게 하다
- 명 fright 놀람, 공포(fear)   형 frightful 무서운
- 형 frightened 깜짝 놀란, 겁이 난
- ◆ be **frightened** by a shadow 그림자에 놀라다

746 □ **supplement**
[sʌ́plimènt]
- 동 보충하다   명 [sʌ́plimənt] 부록, 보충(물)
- ◆ a **supplement** to the magazine 잡지의 부록

747 □ **invade**
[invéid]
- 동 침입(침략)하다   명 invasion   명 invader 침입(침략)자
- ◆ **invade** a neighboring country 이웃 나라를 침략하다

748 □ **wisdom**
[wízdəm]
- 명 지혜   형 wise 현명한
- ◆ the **wisdom** of adopting a new method
  새 방법을 채택하는 지혜

749 □ **shadow**
[ʃǽdou]
- 명 그림자   동 그늘지게 하다, 어둡게 하다(darken)
- ◆ **Shadows** crept across the room. 수능기출
  그림자가 방을 가로질러 기어왔다.
- ◆ follow like a **shadow** 그림자처럼 쫓아다니다

750□ **justify**
[dʒʌ́stifài]
- 동 정당화하다　명 justification 정당화
- ◆ in justification of ~을 정당화하기 위하여
- ◆ The end justifies the means.
  목적은 수단을 정당화한다. 속담

751□ **orientation**
[ɔ̀ːrientéiʃən]
- 명 방위, (신입에 대한)지도

752□ **slip**
[slip]
- 동 미끄러지다
- ◆ She slipped and fell in the bathroom. 수능기출
  그녀는 욕실에서 미끄러져 넘어졌다.
- ◆ He slipped into the room. 그는 살짝 방안으로 들어갔다.

753□ **infant**
[ínfənt]
- 명형 유아(의)
- 명 infancy 유년 시대(babyhood), 초기
- ◆ an infant industry 초기 산업
- ◆ the infant mortality rate 유아 사망률

754□ **edge**
[edʒ]
- 명 가장자리, 모서리
- ◆ the edge of a lake 호수가

755□ **inquire**
[inkwáiər]
- 동 묻다(about), 조사하다(into)
- 명 inquiry 질문, 조사
- ◆ I called the station to inquire about train times.
  기차 시간을 물어보기 위해 역에 전화를 했다.

756 □ **command**
[kəmǽnd]
명동 명령(하다), 지배(하다)
◆ She commanded the release of the prisoners.
그녀는 죄수들의 석방을 명령했다.

757 □ **nap**
[næp]
명동 낮잠(을 자다)
◆ take(have) a nap 낮잠을 자다

758 □ **abolish**
[əbáliʃ]
동 폐지하다 (↔ establish 설립하다) 명 abolition 폐지
◆ abolish slavery 노예 제도를 폐지하다

759 □ **subscribe**
[səbskráib]
동 서명하다, 기부하다, 구독하다 명 subscription 서명, 기부
◆ subscribe a contract 계약서에 서명하다
◆ subscribe to a magazine 잡지를 구독하다

760 □ **vice**
[vais]
명 악덕, 결함
◆ virtue and vice 미덕과 악덕
  cf) vice-president 부회장, 부통령

761 □ **particular**
[pərtíkjulər]
형 특별한, 특정한
부 particularly 특히(in particular)
◆ You played particularly well, scoring two goals. 수능기출
당신이 특히 잘 했어요. 두 골을 기록하셨잖아요.

762☐ **brief**
[bri:f]
- 혱 간결한(concise)
- ◆ in brief 간단히 말하면, 요는(to be brief = in short)
- ◆ a brief account 간단한 설명

763☐ **appliance**
[əpláiəns]
- 몡 기구, 설비
- ◆ kitchen appliances 주방 기구

764☐ **undergo**
[ʌ̀ndərgóu]
- 동 ~을 받다, 경험하다
- ◆ undergo an operation 수술을 받다

765☐ **century**
[séntʃuri]
- 몡 1세기
- ◆ half a century ago 50년 전

766☐ **sore**
[sɔ:r]
- 혱 아픈(painful), 쓰라린
- ◆ My throat's sore. 목이 아프다. 수능기출

767☐ **stretch**
[stretʃ]
- 동 뻗다, 늘이다
- ◆ stretch out 뻗다, stretch oneself 기지개를 켜다

768☐ **abstract**
[ǽbstrækt]
- 혱 추상적인 (↔ concrete 구체적인)
- ◆ abstract idea 추상적 관념
- ◆ an abstract painting 추상화

769 **skeptical** ⑱ 회의적인(doubtful)
[sképtikəl]

770 **era** ⑲ 시대, 연대
[íːrə] ◆ the space **era** 우주 시대

771 **bliss** ⑲ 더 없는 행복 ⑭ bless 축복하다
[blis] ⑱ blissful 더 없이 행복한
◆ I'm truely **blessed**. 나는 정말 축복받았다. 수능기출

772 **subconscious** ⑱ 잠재 의식의
[sÀbkάnʃəs] ◆ They also include **subconscious** thoughts. 수능기출
그것들은 잠재 의식적인 생각들도 포함한다.

773 **wealth** ⑲ 부, 재산 ⑱ wealthy 부유한
[welθ] ◆ a **wealthy** person 재산가

774 **portion** ⑲ 부분(part), 몫 ⑭ 나누다(divide)
[pɔ́ːrʃən] ◆ eat two **portions** 2 인분을 먹다
◆ a **portion of** 약간의

775 **trend** ⑲ 경향, 주세
[trend] ◆ an article about next year's fashion **trends** 수능기출
내년 패션 경향에 대한 기사

149

776 **overwhelm** ⑧ 압도하다 ⑨ overwhelming 압도적인
[òuvərhwélm] ◆ an overwhelming victory 압도적인 승리

777 **nod** ⑧ 끄덕이다
[nɑd] ◆ He nodded to show his understanding.
그는 알았다고 고개를 끄덕였다.

778 **steal** ⑧ (steal-stole-stolen)훔치다
[stiːl] ◆ My wallet was stolen. 내 지갑을 도둑맞았다.
◆ steal money from a safe 금고에서 돈을 훔치다

779 **elegant** ⑨ 우아한, 품위 있는 ⑨ elegance 우아함
[élǝgǝnt] ◆ an elegant dress 우아한 드레스

780 **secretary** ⑨ 비서
[sékrǝtèri] ◆ a private secretary 개인 비서

781 **selfish** ⑨ 이기적인 ⑨ self 자기 자신
[sélfiʃ] ◆ a selfish act 이기적인 행동

782 **voyage** ⑨ 항해
[vɔ́idʒ] ◆ a voyage to Europe 유럽으로의 항해

150

783 □ veil
[veil]
명 베일, 면사포 동 감추다
◆ partly **veiling** the lower features of the landscape 수능기출
보다 낮은 곳에 있는 풍경의 지형을 부분적으로 감추면서

784 □ density
[dénsiti]
명 밀도 형 dense 밀집한, 짙은
◆ a **dense** forest 밀림
◆ the **density** of the data 정보의 밀도 수능기출

785 □ confront
[kənfrʌ́nt]
동 직면하다
◆ Some wild animals **confront** an uncertain future. 수능기출
몇몇 야생 동물들은 불확실한 미래에 직면하고 있다.

786 □ weaken
[wíːk(ə)n]
동 약화시키다 (↔ strengthen 강화시키다)
형 weak 허약한 명 weakness 허약
◆ She is **weakening** day by day.
그녀는 나날이 약해져 간다.

787 □ interact
[ìntərǽkt]
동 상호 작용하다 명 interaction 상호 작용
형 interactive 상호 작용하는

788 □ worship
[wə́ːrʃip]
명동 숭배(하다), 예배(하다)
◆ the **worship** of idols 우상 숭배

Check up (25th-27th day)

1) 다음 영어는 우리말로, 우리말은 영어로 쓰시오.(1-14)

1. trivial
2. decorate
3. horrible
4. constant
5. primary
6. inquire
7. trend
8. 국적
9. 공격
10. 출발
11. 곤충
12. 대륙
13. 지혜
14. 추상적인

2) 다음 빈 칸에 알맞은 단어를 쓰시오.(15-24)

15. _____ gap — 세대 차이
16. a _____ wound — 치명상
17. a _____ child — 고집이 센 아이
18. education _____ — 교육 시설
19. a _____ to the magazine — 잡지의 부록
20. the _____ of a lake — 호수가
21. kitchen _____ — 주방 기구
22. eat two _____ — 2인분을 먹다
23. a private _____ — 개인 비서
24. _____ oneself — 기지개를 켜다

Speed Test

prey	먹이, 잡아먹다	fare	요금
refuse	거절(거부)하다	rehearsal	예행연습, 리허설
overeat	과식하다	purchase	구입하다(buy)
disappointed	실망한	intercourse	교제
rainy	비오는	forefather	조상(ancestor)
lawyer	변호사	attempt	시도(하다)(try)

정답 1.하찮은 2.장식하다 3.무서운 4.끊임없는 5.주요한 6.묻다 7.경향 8.nationality 9.attack 10.departure 11.insect 12.continent 13.wisdom 14.abstract 15.generation 16.fatal 17.stubborn 18.facilities 19.supplement 20.edge 21.appliances 22.portions 23.secretary 24.stretch

Day 28

789 □ burden
[bə́:rdn]
- 몡 무거운 짐, 부담 통 짐을 지우다, 부담을 주다
- 혭 burdensome 괴로운, 성가신(troublesome)
- ◆ a financial **burden** 재정 부담
- ◆ a **burden** of responsibility 책임이라는 무거운 짐

790 □ own
[oun]
- 혭 자기 자신의 통 소유하다
- ◆ Who **owns** this land? 이 땅은 누구의 소유인가?
- ◆ Mind your **own** business. 네 일이나 신경써.

791 □ court
[kɔ:rt]
- 몡 법정, 코트, 안마당
- ◆ In **courts** of law, photographs often had more value than words. 수능기출
  법정에서는 종종 사진이 말보다 훨씬 가치가 있었다.

792 □ crucial
[krú:ʃəl]
- 혭 중대한, 결정적인(decisive)
- ◆ the **crucial** moment 결정적인 순간
- ◆ What happens in the vineyard is **crucial** 수능기출
  포도밭에서 일어나는 일이 중요하다.

793 □ political
[pəlítikəl]
- 혭 정치적인 몡 politics 정치(학)
- 몡 politician 정치가
- ◆ a **political** campaign 선거 운동

153

794☐ **basic**
[béisik]
- 형 기초적인, 근본적인 명 basis 기초, 토대(base)
- 부 basically 기본적으로
- ◆ **on the basis of** ~을 기초로 하여
- ◆ **on the basis of** the consultant's advice 수능기출
  컨설턴트의 조언을 기초로 하여

795☐ **relative**
[rélətiv]
- 명 친척 형 상대적인
- ◆ The healer calls the victim's **relatives** to watch a ceremony. 수능기출
  치료자는 그 희생자의 친척들을 불러 어떤 의식을 보도록 한다.
- ◆ Beauty is **relative**. 미는 상대적인 것이다.

796☐ **domain**
[douméin]
- 명 영토 동 dominate 지배하다
- 형 dominant 지배적인, 우세한

797☐ **labor**
[léibər]
- 명동 노동(하다), 일(하다)
- ◆ bring work home and **labor** over it until bedtime
  집에 일거리를 가져와 잠들기 전까지 열심히 일하다 수능기출

798☐ **chore**
[tʃɔːr]
- 명 허드렛일, 잡일
- ◆ household **chores** 집안일

799☐ **scent**
[sent]
- 명 냄새, 향기 동 냄새를 맡다
- ◆ the **scent** of roses 장미 향기

800 □ **region**
[ríːdʒən]
- 몡 지방, 지역(district)
- 혱 regional 지방의
- ◆ sensitivity to **regional** and individual differences
  지역적, 개인적 차이점들에 대한 감수성 `수능기출`

801 □ **profit**
[práfit]
- 몡 이익, 이윤
- 혱 profitable 유익한, 이익이 많은
- ◆ **profit** and loss 손익

802 □ **hostility**
[hɑstíliti]
- 몡 적의, 적개심 (pl)전쟁
- 혱 hostile 적의가 있는
- ◆ a **hostile** army 적군
- ◆ the Korean **hostilities** 한국 전쟁

803 □ **deliver**
[dilívər]
- 동 배달하다, 연설하다, 분만하다
- 몡 delivery 배달
- ◆ **deliver** a speech 연설하다
- ◆ She **delivered** a healthy girl.
  그녀는 건강한 여자 아이를 낳았다.

804 □ **frequently**
[fríːkwəntli]
- 뷔 자주
- 몡 frequency 빈도
- 혱 frequent 자주 일어나는, 상습적인
- ◆ They change jobs very **frequently**. `수능기출`
  그들은 일자리를 매우 자주 바꾼다.

805□ **bribe** ⑲ 뇌물 ⑧ 뇌물을 주다
[braib]
◆ take a **bribe** 뇌물을 받다

806□ **hell** ⑲ 지옥 (↔heaven 천국)
[hel]
◆ a traffic **hell** 교통 지옥

807□ **navigate** ⑧ 항해하다, 비행하다
[nǽvigèit]
⑲ navigation 행해(술), 항공(술)
⑲ navigator 조종사, 항해사
◆ the **navigation** of the globe 세계 일주 항해

808□ **slight** ⑲ 약간의, 적은
[slait]
◆ a **slight** difference 사소한 차이
◆ a **slight** meal 가벼운 식사

809□ **particle** ⑲ 작은 조각, 미립자
[pá:rtikl]
◆ a **particle** of dust 미세 먼지

810□ **instructive** ⑲ 교훈적인, 교육적인
[instrʌ́ktiv]
⑧ instruct 지시하다, 가르치다
⑲ instruction 교육, (pl)지시, (사용)설명서
◆ The book is interesting and **instructive**.
그 책은 재미있고 교훈적이다.
◆ follow a person's **instructions** 남의 지시에 따르다

811 □ **grant**
[grænt]
- ⑧ 주다, (부탁 등을)들어주다, 허락하다
- ◆ take ~ for granted ~을 당연하게 여기다 [수능기출]
- ◆ All your wishes are granted [수능기출]
  너의 모든 소원을 들어주었다.

812 □ **factor**
[fǽktər]
- ⑲ 요소, 요인(element)
- ◆ the three factors for production 생산의 3대 요소

813 □ **regardless**
[rigá:rdlis]
- ⑱ 무관심한, 부주의한
- ◆ regardless of ~에 상관없이
- ◆ regardless of the wind speed [수능기출]
  바람의 속도에 상관없이

814 □ **widespread**
[wàidspréd]
- ⑱ 널리 퍼진
- ◆ become widespread 널리 보급되다

815 □ **disclose**
[disklóuz]
- ⑧ 드러내다, 폭로하다
- ◆ disclose the secret 비밀을 털어놓다

816 □ **prior**
[práiər]
- ⑱ 전의, 우선하는
- ⑲ priority 우선권
- ◆ You need to get your priorities straight. [수능기출]
  우선 순위를 제대로 둘 필요가 있다.
- ◆ prior to ~의 앞에, 전에

Day 29

817 □ **evil**
[íːv(ə)l]
- 형 사악한, 나쁜(bad) 명 악
- ◆ return **evil** for good 은혜를 원수로 갚다

818 □ **deliberately**
[dilíbəritli]
- 부 고의로(on purpose)
- 형 deliberate 신중한, 고의적인
- ◆ a **deliberate** lie 고의적인 거짓말
- ◆ a group of similar things that one has **deliberately** acquired 수능기출
  의도적으로 얻은 비슷한 물건들의 집합

819 □ **process**
[práses]
- 명 과정(course), 진행
- ◆ go through a complex **process** 수능기출
  복잡한 과정을 거치다

820 □ **funeral**
[fjúːnərəl]
- 명 장례식
- ◆ a state **funeral** 국장(國葬), a **funeral** director 장의사

821 □ **obvious**
[ábviəs]
- 형 명백한(↔obscure 애매한)
- 부 obviously 명백하게
- ◆ an **obvious** fact 명백한 사실
- ◆ It is **obvious** that he lied to me.
  그가 내게 거짓말을 한 것이 분명하다.

822☐ **cooperate** 동 협력(협동)하다
[kouápərèit]   명 cooperation 협력, 협동(조합) 형 cooperative
- in cooperation with ~과 협력(협동)하여
- consumers' cooperation 소비 조합

823☐ **officer** 명 장교, 관리, 공무원
[ɔ́(ː)fisər]
- Chief Executive Officer 최고 경영자(CEO)
- a public officer 공무원

824☐ **refrigerator** 명 냉장고
[rifrídʒərèitər]

825☐ **predict** 동 예언(예보)하다 명 prediction 예언, 예보
[pridíkt]
- Why is predicting the future so difficult? 수능기출
  미래를 예측하는 일은 왜 그렇게 어려운 것일까?

826☐ **discriminate** 동 구별하다, 차별하다
[diskrímineìt]   명 discrimination 구별, 차별 대우
- racial discrimination 인종 차별

827☐ **realistic** 형 현실적인(↔ ideal이상적인) 명 reality 현실
[riːəlístik]   동 realize 실현하다, 깨닫다
- The story is neither realistic nor humorous.
  그 이야기는 사실적이지도 않고 유머도 없다.

828 □ **frustrate**
[frʌ́streit]
- 동 좌절시키다 명 frustration 좌절, 욕구 불만
- ◆ feel **frustrated** 좌절감을 느끼다
- ◆ be **frustrated** in one's ambition 야망이 꺾이다

829 □ **decade**
[dékeid]
- 명 10년간
- ◆ several **decades** 수십 년

830 □ **slave**
[sleiv]
- 명 노예 명 slavery 노예 제도
- ◆ **slave** labor 강제 노동

831 □ **yield**
[ji:ld]
- 동 생산하다, 굴복하다 명 생산
- ◆ **yield** rich harvest 풍성한 수확을 내다
- ◆ **yield to** force 폭력에 굴복하다

832 □ **sensitive**
[sénsitiv]
- 형 민감한, 예민한 형 sensible 분별이 있는
- 명 동 sense 감각, 느끼다
- ◆ a **sense** of humor 유머 감각

833 □ **stay**
[stei]
- 동 머무르다, 숙박하다(at)
- ◆ **stay at** a hotel 호텔에 묵다

834 □ **accumulate**
[əkjú:mjulèit]
- 동 축적하다 명 accumulation 축적
- ◆ **accumulate** wealth 부를 축적하다

835 □ **cheat**
[tʃiːt]
- 동 속이다(deceive), 부정행위를 하다   명 사기꾼
- ◆ **cheat** to pass the examination
  시험에 합격하기 위해 부정행위를 하다

836 □ **dissolve**
[dizálv/-zɔ́lv]
- 동 녹이다, 해산하다
- ◆ **dissolve** sugar in water 설탕을 물에 녹이다

837 □ **honesty**
[ánisti]
- 명 정직   형 honest 정직한
- ◆ **Honesty** is the best policy. 정직이 최선의 방책이다.

838 □ **desert**
[dézərt]
- 명 사막, 황무지   형 불모의(barren)
- 동 [dizə́ːrt] 버리다

839 □ **withstand**
[wiðstǽnd]
- 동 저항하다, 견디다
- ◆ **withstand** temptation 유혹을 견디다

840 □ **planet**
[plǽnit]
- 명 행성
- ◆ artificial **planet** 인공 위성

841 □ **doom**
[duːm]
- 명 운명(fate), 파멸   동 운명짓다
- ◆ **be doomed to** ~할 운명이다 수능기출
- ◆ Our hopes **were doomed to** disappointment.
  우리의 희망은 깨어질 운명이었다.

842 □ **ridiculous** 형 우스꽝스러운 명동 ridicule 조롱(하다)
[ridíkjuləs]
◆ a ridiculous dress 우스운 옷차림

843 □ **convey** 동 나르다, 전달하다 명 conveyance 운반, 전달
[kənvéi]
◆ Buses convey passengers.
버스는 승객을 실어 나른다.

844 □ **introduce** 동 소개하다, 도입하다
[ìntrədjú:s]
명 introduction 소개, 도입, 서문
형 introductive 소개의, 머리말의
◆ introduce oneself 자기 소개를 하다

845 □ **trait** 명 특징, 특성
[treit]
◆ national traits 국민성

846 □ **sort** 동 분류하다(classify) 명 종류(kind)
[sɔ:rt]
◆ sort mail 우편물을 분류하다, a sort of 일종의

847 □ **struggle** 명동 분투(하다), 발버둥치다
[strʌ́gl]
◆ a struggle for liberty 자유를 얻기 위한 투쟁

848 □ **refund** 명동 환불(하다)
[rí(:)fʌnd]
◆ refund the entire sum 전액을 환불하다

849 **impulse**
[ímpʌls]
- 명 충동, 충격 형 impulsive 충동적인
- ◆ **impulse** buying 충동 구매

850 **election**
[ilékʃən]
- 명 선거 동 elect 선거(선출)하다
- ◆ He was **elected** for congress in 2003.
  그는 2003년 국회의원으로 선출되었다.

851 **locate**
[loukéit]
- 동 ~에 위치시키다 명 location 위치, 장소
- ◆ The office **is located in** Seoul.
  사무실은 서울에 위치해 있다.

852 **fix**
[fiks]
- 동 고정시키다, 수리하다(mend), 설치하다
- 형 fixed 고정된, 설비된
- ◆ **fix** a mirror to the wall 거울을 벽에 고정시키다
- ◆ **fix** a radio 라디오를 수리하다

853 **resign**
[rizáin]
- 동 사직하다, 퇴직하다(retire) 명 resignation 사직
- ◆ He **resigned** as president. 그는 회장직에서 물러났다.

854 **notable**
[nóutəbl]
- 형 주목할 만한, 저명한 부 notably 현저하게
- ◆ a **notable** exception 주목할 만한 예외
- ◆ a **notable** achievement 뛰어난 업적

855 □ **graze**
[greiz]
- 동 풀을 뜯어먹다
- ◆A herd of cattle are **grazing** in the pasture.
  소떼가 목장에서 풀을 뜯어먹고 있다.

856 □ **intellect**
[íntəlèkt]
- 명 지성(인) 형 intellectual 지적인, 총명한(intelligent)
- ◆ the **intellectual** classes 지식 계급
- ◆ an **intellectual** crime 지능 범죄

857 □ **beverage**
[bévəridʒ]
- 명 음료
- ◆ alcoholic **beverages** 주류

858 □ **soul**
[soul]
- 명 영혼, 정신(spirit), 사람
- 형 soulless 혼이 빠진, 정신이 없는
- ◆ a simple **soul** 바보

859 □ **humble**
[hʌ́mbl]
- 형 겸손한(modest), 초라한, 하찮은
- ◆ a **humble** dwelling 초라한 집
- ◆ a **humble** attitude 겸손한 태도

860 □ **cheer**
[tʃiər]
- 명동 환호, 성원(하다)
- 형 cheerful 즐거운, 쾌활한
- ◆ **Cheer up**. 기운 내라.
- ◆ I heard the crowd **cheering** 수능기출
  나는 관중들이 환호하는 소리를 들었다.

861 □ **punctual**
[pʌ́ŋktʃuəl]
- 형 시간을 잘 지키는(↔unpunctual 시간을 안 지키는)
- 명 punctuality 시간 엄수
- ◆ **punctually** as always 〔수능기출〕
  항상 그렇듯이 정확한 시간에

862 □ **worth**
[wəːrθ]
- 형 ~할 가치가 있는(↔worthless 가치 없는)
- 명 가치(value)
- 형 worthy 가치 있는, 훌륭한(worthwhile)
- ◆ This idea **is worth** considering.
  이 아이디어는 고려 할 가치가 있다.
- ◆ a behavior **worthy** of praise 칭찬할 만한 행위

863 □ **huge**
[hjuːdʒ]
- 형 거대한, 막대한
- ◆ a **huge** building 거대한 건물
- ◆ a **huge** amount of money 막대한 금액

864 □ **reverse**
[rivə́ːrs]
- 동 거꾸로 하다 명 반대 형 거꾸로의, 역의
- ◆ **reverse** a glass 컵을 엎어놓다
- ◆ It is just the **reverse** of what he thinks.
  그것은 그가 생각하고 있는 것과 정반대이다.

865 □ **seemingly**
[síːmiŋli]
- 부 겉으로는, 보기에는
- 형 seeming 외관상의, 그럴 듯한
- ◆ This **seemingly** reasonable explanation~
  겉으로는 합리적으로 보이는 이 설명은~ 〔수능기출〕
- ◆ with **seeming** sincerity 마치 성실한 양

866 □ **height**
[hait]
- 몡 높이, 신장, 해발 혱 high 높은, 비싼
- ◆ the **height** above sea level 해발
- ◆ He is six feet **high**. 그는 신장이 6피트이다.

867 □ **injure**
[índʒər]
- 동 상처를 입히다, 손상시키다 몡 injury 부상
- 혱 injurious 해로운(harmful)
- ◆ **injurious** habits 악습
- ◆ be **injured** in an accident 사고로 상처를 입다

868 □ **exaggerate**
[igzǽdʒərèit]
- 동 과장하다 몡 exaggeration 과장
- ◆ **exaggerate** such differences 〔수능기출〕
  그러한 차이를 과장하다

869 □ **silly**
[síli]
- 혱 어리석은(foolish)
- ◆ a **silly** ass 바보 같은 놈

870 □ **pretend**
[priténd]
- 동 ~인 체하다
- ◆ They **pretended** not **to** know him.
  그들은 그를 모르는 체했다.

871 □ **consult**
[kənsʌ́lt]
- 동 상담(상의)하다
- 몡 consultant 상담역, 컨설턴트
- 몡 consultation 상담
- ◆ **consult** a lawyer 변호사에게 상의하다

872☐ **sacrifice**
[sǽkrifàis]
- 명동 희생(하다), 제물(로 바치다)
- ◆ She **sacrificed** everything for her children.
  그녀는 자식들을 위해 모든 것을 희생했다.

873☐ **obtain**
[əbtéin]
- 동 얻다, 획득하다(get) 형 obtainable 획득할 수 있는
- ◆ **obtain** knowledge through study
  연구를 통해 지식을 얻다

874☐ **rate**
[reit]
- 명 비율(ratio), 요금, 속도
- ◆ the birth **rate** 출생률, the telephone **rate** 전화 요금
- ◆ at the **rate** of 20 miles an hour
  시속 20마일의 속도로

875☐ **hence**
[hens]
- 부 그러므로(therefore), 지금부터

876☐ **collapse**
[kəlǽps]
- 명동 붕괴(하다)
- ◆ The roof **collapsed** under the weight of snow.
  지붕이 눈의 무게를 이기지 못하고 붕괴했다.

877☐ **amuse**
[əmjúːz]
- 동 재미나게 하다, 웃기다
- 형 amusing 재미있는, 웃기는
- 명 amusement 오락(recreation), 즐거움
- ◆ He **amused** the children with jokes.
  그는 농담으로 아이들을 재미나게 했다.
- ◆ **amusement** park 놀이 공원

Check up (28th-30th day)

1) 다음 영어는 우리말로, 우리말은 영어로 쓰시오.(1-14)

1. bribe
2. disclose
3. cooperate
4. predict
5. accumulate
6. introduce
7. election
8. 영토
9. 냄새
10. 지방
11. 요소
12. 명백한
13. 노예
14. 정직

2) 다음 빈 칸에 알맞은 단어를 쓰시오.(15-24)

15. household _____ 집안일
16. _____ buying 충동 구매
17. the _____ classes 지식 계급
18. the _____ above sea level 해발
19. national _____ 국민성
20. artificial _____ 인공위성
21. consumer's _____ 소비자 조합
22. a _____ of dust 미세 먼지
23. a financial _____ 재정 부담
24. a _____ meal 가벼운 식사

Speed Test

conceal	숨기다, 감추다	occupation	직업
displease	불쾌하게 하다	postpone	연기하다
provoke	화나게 하다	volunteer	자원 봉사자
after all	결국	inform	알리다
telescope	망원경	apply for	~에 지원하다
interval	간격	be used to -ing	~에 익숙해져 있다

정답 1.뇌물 2.폭로하다 3.협력하다 4.예언하다 5.축적하다 6.소개하다 7.선거 8.domain 9.scent 10.region 11.factor 12.obvious 13.slave 14.honesty 15.chores 16.impulse 17.intellectual 18.height 19.traits 20.planet 21.cooperation 22.particle 23.burden 24.slight

878 **protest** 동 항의(주장)하다 명 [próutest] 항의, 주장
[prətést]
◆ **protest** against the decision 그 결정에 항의하다

879 **regulate** 동 조절하다, 규정하다 명 regulation 규칙, 조절
[régjulèit]
◆ **regulate** the temperature of a room
실내 온도를 조절하다

880 **handicapped** 형 장애가 있는, 불구의
[hǽndikæ̀pt] 명 handicap 장애, 불리한 조건
◆ a **handicapped** child 신체 장애아

881 **venture** 명 모험, 모험적 사업 동 위험을 무릅쓰고~하다
[véntʃər]
◆ It's a bold **venture** starting a business these days.
요즘 사업을 시작하는 것은 대담한 모험이다.

882 **inherit** 동 상속하다, 유전하다 명 inheritance 상속, 유전
[inhérit]
◆ She **inherited** a fortune from her father.
그녀는 아버지로부터 재산을 상속받았다.

883 **delay** 명동 연기(하다), 지연(시키다)
[diléi]
◆ **delay** starting 출발을 연기하다

884 **anticipate** [æntísipèit]
- 동 예상하다, 기대하다(expect)
- 명 anticipation 예상, 기대
- ◆ **anticipate** a victory 승리를 예상하다

885 **threat** [θret]
- 명 위협, 협박
- 동 threaten 위협(협박)하다
- ◆ It will be a **threat** to our security.
  그것은 우리들의 안전을 위협하게 될 것이다.

886 **weep** [wiːp]
- 동 (weep-wept-wept) 눈물짓다, 울다
- ◆ **weep** with pain 아파서 울다

887 **spoil** [spɔil]
- 동 망치다, (음식물이)상하다(decay)
- ◆ This humidity can cause the coffee to quickly **spoil**.
  습기가 커피를 빨리 손상시킬 수 있다. 수능기출

888 **consist** [kənsíst]
- 동 ~로 구성되다(of)(be composed of), ~에 있다(in)
- ◆ The committee **consists of** ten members.
  그 위원회는 열 명의 회원으로 구성되어 있다.
- ◆ Happiness **consists in** contentment.
  행복은 만족에 있다.

889 **welfare** [wélfɛ̀ər]
- 명 복지(well-being)
- ◆ social **welfare** 사회 복지 수능기출

890 **jealousy** 몡 질투 혱 jealous 질투심이 많은, 시기하는
[dʒéləsi]
- be jealous of ~을 시샘하다
- a jealous husband 질투심이 많은 남편

891 **neat** 혱 단정한, 깔끔한
[niːt]
- Her house is always neat. 그녀의 집은 언제나 깔끔하다.

892 **amount** 몡 양(quantity), 총계 동 총계가 ~에 이르다(to)
[əmáunt]
- a large amount of money 거액의 돈

893 **peer** 몡 귀족, 동료 동 응시하다
[piər]
- peer at each passenger
  승객의 얼굴을 하나 하나 살피다

894 **foundation** 몡 기초, 설립, 재단 동 found 창립(설립)하다
[faundéiʃən]
- found a school 학교를 설립하다
- The building has a solid foundation.
  그 건물은 기초가 튼튼하다

895 **wander** 동 떠돌다, 배회하다 몡 wanderer 방랑자
[wándər]
- The villagers no longer allowed their cattle to wander far. 수능기출
  마을 사람들은 더 이상 그들의 소 떼들이 멀리 돌아다니지 않게 했다.

896 **creep** 동 (creep-crept-crept) 기다(crawl), 살금살금 다니다
[kri:p] ◆ **creep** on tiptoe 발끝으로 살금살금 걷다

897 **hate** 동 증오하다 명 증오
[heit] 명 hatred 증오 형 hateful 미운, 증오에 찬
◆ **hate** one another 서로 미워하다

898 **optimistic** 형 낙관적인 (↔ pessimistic 비관적인)
[àptimístik] 명 optimism 낙관주의
◆ a **optimistic** view 낙관적인 견해

899 **pessimistic** 형 비관적인, 염세적인
[pèsimístik] 명 pessimism 비관, 염세주의

900 **customer** 명 손님, 고객
[kʌ́stəmər] ◆ regular **customers** 단골손님

901 **obligate** 동 ~에게 의무를 지우다
[ábligèit] ◆ Parents are **obligated** to support their children.
부모는 자녀를 양육할 의무가 있다.

902 **chase** 동 추적하다, 뒤쫓다 명 추적
[tʃeis] ◆ **chase** a thief 도둑을 뒤쫓다

903 □ **habitat**
[hǽbitæt]
명 (동식물의)서식지, 거주지
◆ the destruction of wildlife **habitat**
야생 생물 서식지의 파괴

904 □ **harsh**
[hɑːrʃ]
형 가혹한, 거친
◆ **harsh** criticism 가혹한 비평

905 □ **decline**
[dikláin]
동 쇠퇴하다, 감소하다, (정중히)거절하다
◆ **decline** an invitation 초대를(정중히)거절하다
◆ His health slowly **declined**.
그의 건강이 서서히 쇠약해졌다.

906 □ **prosperous**
[prɑ́spərəs]
형 번영(번창)하는
동 prosper 번영하다, 성공하다
명 prosperity 번영, 성공
◆ a **prosperous** business 번창하는 사업

907 □ **astronomer**
[əstrɑ́nəmər]
명 천문학자
명 astronomy 천문학
명 astronaut 우주 비행사

908 □ **compromise**
[kɑ́mprəmàiz]
명 동 타협(하다)
◆ reach a satisfactory **compromise**
만족스러운 타협에 이르다

173

909 □ **betray**
[bitréi]
⑧ 배반하다, 누설하다 ⑲ betrayal 배반
⑲ betrayer 배반자
◆ **betray** a friend 친구를 배반하다

910 □ **disgrace**
[disgréis]
⑲ 불명예, 치욕 ⑱ disgraceful 불명예스러운
◆ bring **disgrace** on one's country
조국에 치욕을 가져오다

911 □ **point**
[pɔint]
⑧ ~을 가리키다, 강조하다
⑲ (뾰족한)끝, 점, 점수, 요점
◆ **point** a finger at the building
손가락으로 그 건물을 가리키다
◆ the **point** of an argument 논의의 요점

912 □ **speech**
[spiːtʃ]
⑲ 연설 ⑧ speak 말하다
◆ He made an impressive **speech**
그는 인상적인 연설을 했다.

913 □ **global**
[glóubəl]
⑱ 지구의, 전 세계의, 구형의
⑲ globe 지구(earth),공 ⑲ globalization 세계화
◆ **global** warming 지구의 온난화
◆ **global** market 세계 시장

914 □ **steady**
[stédi]
- 형 꾸준한, 한결같은, 확고한 부 steadily
- ◆ **steady** economic growth 꾸준한 경제 성장
- ◆ maintain a **steady** speed 일정한 속도를 유지하다
- ◆ **steadily** decreased 꾸준히 감소했다 수능기출

915 □ **predominant**
[pridáminənt]
- 형 뛰어난, 우세한(dominant)
- 동 predominate 우세하다, 능가하다

916 □ **alien**
[éiljən]
- 명 외국인(foreigner), 외계인 형 외국의, 이질적인

917 □ **destruct**
[distrʌ́kt]
- 동 ~을 파괴하다(destroy) 형 destructive 파괴적인
- 명 destruction 파괴
- ◆ the **destruction** of the rain forests 열대 우림의 파괴

918 □ **resident**
[rézidənt]
- 명 거주자 형 거주하는 동 reside 거주하다
- 명 residence 주택, 거주
- ◆ Korean **residents** in Japan 재일 동포

919 □ **ethics**
[éθiks]
- 명 윤리학 형 ethical 윤리의, 도덕적인
- ◆ practical **ethics** 실천 윤리학

920 □ **cell**
[sel]
- 명 세포
- ◆ **cells** of the brain 뇌세포

921 □ **neutral**
[njúːtrəl]
- ⑱ 중립의, 중성의
- ⑲ neutrality 중립
- ◆ a neutral state 중립국
- ◆ a neutral attitude 중립적인 태도

922 □ **extreme**
[ikstríːm]
- ⑱ 극도의, 심한 ⑲ 극단 ㉾ extremely
- ◆ I remember my emotions swinging from one extreme to another. 수능기출
  감정이 극에서 극으로 왔다 갔다 했던 것을 기억한다.
- ◆ extremely difficult 아주 어려운 수능기출

923 □ **conscience**
[kάnʃəns]
- ⑲ 양심 ⑱ conscientious 양심적인
- ◆ a social conscience 사회적 양심

924 □ **motion**
[móuʃən]
- ⑲ 운동, 이동, 몸짓 ⑧ 몸짓으로 신호하다(gesture)
- ◆ a motion of the hand 손짓

925 □ **transport**
[trænspɔ́ːrt]
- ⑧ 수송하다(convey)
- ⑲ transportation 수송, 교통수단
- ◆ public transportation 대중 교통수단

926 □ **reserve**
[rizə́ːrv]
- ⑧ 예약하다(make a reservation, book)
- ⑲ reservation 예약
- ◆ This table is reserved. 이 좌석은 예약된 것입니다.

927 **genuine** [dʒénjuin]
- 형 진짜의(real), 진정한
- 부 genuinely 진정으로
  - ◆ a genuine article 진품
  - ◆ genuine interest 진정한 흥미 수능기출

928 **fierce** [fiərs]
- 형 사나운, 격렬한
  - ◆ fierce animals 맹수
  - ◆ a fierce competition 치열한 경쟁

929 **rigid** [rídʒid]
- 형 굳은, 단단한(hand), 엄격한
  - ◆ rigid discipline 엄격한 규율

930 **earthquake** [ə́:rθkwèik]
- 명 지진
  - ◆ There was a strong earthquake last night.
    어젯 밤 강한 지진이 있었다.

931 **stick** [stik]
- 동 (stick-stuck-stuck) 찌르다, 붙이다
- 명 막대기 명 sticker 스티커
  - ◆ stick to ~을 고수하다
  - ◆ The nurse stuck the needle into my arm.
    간호사가 내 팔에 (주사)바늘을 찔렀다.

932 **abandon** [əbǽndən]
- 동 포기하다(give up)
  - ◆ abandon one's plan 계획을 포기하다

933 □ **display**
[displéi]
- 동 전시(진열)하다(exhibit)　명 전시, 진열
- ◆ display new spring clothes 새로운 봄 옷을 진열하다

934 □ **vacant**
[véikənt]
- 형 텅 빈, 공허한(empty)
- 명 vacancy 빈 방
- ◆ a vacant house 빈 집

935 □ **length**
[leŋkθ]
- 명 길이　동 lengthen 길게 하다, 늘이다
- ◆ The days are lengthening. 해가 점점 길어진다.

936 □ **correct**
[kərékt]
- 동 수정하다, 고치다　형 올바른, 정확한 (↔incorrect)
- ◆ correct the errors 잘못을 고치다
- ◆ correct behavior 올바른 행실

937 □ **secret**
[síːkrit]
- 명형 비밀(의), 비결(의)
- ◆ the secret garden 비밀의 화원
- ◆ You still looks so young. What is your secret?
  당신은 여전히 매우 젊어 보여요. 비결이 뭐지요?

938 □ **personality**
[pə̀rs(ə)nǽliti]
- 명 개성, 성격, 인격
- 형 personal 개인의
- 부 personally 자기 스스로, 친히
- ◆ a man of strong personality 개성이 강한 사람
- ◆ dual personality 이중 인격

939 □ **bet**
[bet]
- 동 내기를 하다, (돈을)걸다, 틀림없이 ~이다   명 도박
- ◆ I bet he'll be late. 틀림없이 그는 지각할 것이다.
- ◆ He bet two pounds on the horse.
  그는 그 말에 2파운드 걸었다.

940 □ **substitute**
[sʌ́bstitjùːt]
- 명 대리인, 대용품 동 대체하다, 대신하다
- 명 substitution 대체, 대신
- ◆ substitute B for A   A를 B로 대체하다
- ◆ I substituted margarine for the butter.
  버터를 마가린으로 대용했다.

941 □ **specific**
[spisífik]
- 형 특정한, 명확한, 구체적인
- 동 specify 명확히 하다, 구체화하다
- 부 specifically 명확히, 구체적으로
- ◆ a specific reason 분명한 이유

942 □ **deserve**
[dizə́ːrv]
- 동 ~을 받을 만하다, ~할 가치가(자격이) 있다
- ◆ They deserve your attention and care. 수능기출
  그들은 너의 주의와 관심을 받을 자격이 있다.

943 □ **lean**
[liːn]
- 형 여윈, 날씬한   동 기대다
- ◆ lean against the wall 벽에 기대다

179

944 □ **resentful**
[rizéntfəl]
- 형 분개한, 화난
- 동 resent 분개하다
- 명 resentment 분개, 원한
- ◆ a **resentful** voice 화난 목소리
- ◆ She **resented** his making all the decisions.
  그녀는 그가 모든 결정을 내린 것에 분개했다.

945 □ **categorize**
[kǽtigəràiz]
- 동 ~을 범주에 넣다, 분류하다
- 명 category 범주, 카테고리
- ◆ group people into five **categories**
  사람을 다섯 부류로 분류하다

946 □ **ascend**
[əsénd]
- 동 오르다, 올라가다 (↔descend)
- ◆ **ascend** the throne 왕위에 오르다
- ◆ **ascend** against a stream 개울을 거슬러 올라가다

947 □ **descend**
[disénd]
- 동 내려오다
- 명 descendant 자손 (↔ancestor 선조)
- ◆ **descend** from a tree 나무에서 내려오다

948 □ **explosion**
[iksplóuʒən]
- 명 폭발, (폭발적인)급증
- 동 explode 폭발하다
- 형명 explosive 폭발적인, 폭발물
- ◆ underground **explosions** 지하의 폭발 〈수능기출〉
- ◆ population **explosion** 인구의 급증

949 **assemble** [əsémbl]
- 동 모이(으)다(gather), 조립하다
- 명 assembly 모임, 조립, 의회
  - ◆ the entire assembly 전체를 모아 놓은 것 (수능기출)
  - ◆ select and assemble scenes (수능기출)
    영화 장면들을 선택하고 모으다

950 **faint** [feint]
- 형 희미한 동 기절하다
  - ◆ a faint light 희미한 불빛
  - ◆ He nearly fainted with joy. (수능기출)
    그는 기뻐서 거의 기절할 지경이었다.

951 **dialect** [dáiəlèkt]
- 명 사투리, 방언
  - ◆ in the Scottish dialect 스코틀랜드 방언으로

952 **assimilate** [əsíməlèit]
- 동 동화하다 명 assimilation 동화(작용)
  - ◆ haste to force their assimilation (수능기출)
    그들을 강제로 동화시키려는 서두름

953 **approve** [əprúːv]
- 동 승인(찬성)하다 명 approval 승인, 인가
  - ◆ Her parents did not approve of her marriage.
    부모는 그녀의 결혼을 찬성하지 않았다.

954 **strategy** [strǽtidʒi]
- 명 전략, 전술 형 strategic 전략상의
  - ◆ marketing strategy 마케팅 전략

955☐ **bold**
[bould]
- 형 대담한, 용감한 (↔timid 겁많은)
- ◆ a bold speech 대담한 연설

956☐ **permit**
[pə(:)rmít]
- 동 허가(허락)하다(allow)(↔ forbid 금지하다)
- 명 permission 허가, 허락
- ◆ so far as health permits 건강이 허락하는 한

957☐ **worm**
[wəːrm]
- 명 벌레
- ◆ The early bird catches the worm. 속담
  일찍 일어나는 새가 벌레를 잡는다.

958☐ **steer**
[stiər]
- 동 조종하다, (어떤 방향으로) 향하다
- ◆ steer a ship westward 배를 서쪽으로 향하게 하다

959☐ **candidate**
[kǽndidèit]
- 동 지원자, 후보자
- ◆ a candidate for president 대통령 후보

960☐ **handle**
[hǽndl]
- 명 손잡이 동 다루다, 처리하다
- ◆ This machine is hard to handle.
  기계는 다루기가 힘들다.

961☐ **versus**
[və́ːrsəs]
- 전 (소송, 경기에서) ~대(對)
- ◆ Korea versus Japan 한국 대 일본

962☐ **monotonous** ⑱ 단조로운, 변화가 없는
[mənátənəs] ⑲ monotony 단조로움, 지루함
◆ monotonous occupations 단조로운 직업

963☐ **derive** ⑧ ~을 얻다, ~에서 유래하다(from)
[diráiv] ⑱ derivative 유래된
⑲ derivation 유래, 유도
◆ derive knowledge from conversation
대화에서 지식을 얻다
◆ derived words 파생어

964☐ **aside** ⑨ 한쪽으로, 떨어져서
[əsáid] ◆ step aside 비켜서다, 길을 비키다
◆ aside from ~은 별도로 하고(apart from)

965☐ **drift** ⑧⑲ 표류(하다), 떠다니다
[drift] ◆ drifting clouds 뜬 구름

966☐ **estimate** ⑧ 평가하다, 어림잡다
[éstimèit] ⑲ [éstimət] 견적
⑲ estimation 평가, 견적
◆ estimate for repairing expenses
수리비 견적을 내다
◆ the estimated crop for this year
금년도의 예상 수확고

Check up (31th-33th day)

1) 다음 영어는 우리말로, 우리말은 영어로 쓰시오.(1-14)

1. anticipate
2. compromise
3. predominant
4. transport
5. approve
6. monotonous
7. resentful
8. 모험
9. 복지
10. 질투
11. 손님
12. 양심
13. 지진
14. 방언

2) 다음 빈 칸에 알맞은 단어를 쓰시오.(15-24)

15. social _____   사회복지
16. _____ warming   지구의 온난화
17. Korean _____ in Japan   제일동포
18. a _____ state   중립국
19. a _____ article   진품
20. dual _____   이중 인격
21. marketing _____   마케팅 전략
22. a _____ for president   대통령 후보
23. Korea _____ Japan   한국대 일본
24. a _____ child   신체 장애아

Speed Test

pharmacy	약국	concise	간결한(brief)
receipt	영수증	asleep	잠들어 있는
well-off	부유한	suburb	교외
describe	묘사하다	refuge	피난처(shelter)
convey	운반하다	perfect	완전한
belong	~에 속하다	congratulate	축하하다

정답 1.예상하다 2.타협하다 3.뛰어난 4.수송하다 5.승인하다 6.단조로운 7.분개한 8.venture 9.welfare 10.jealousy 11.customer 12.conscience 13.earthquake 14.dialect 15.welfare 16.global 17.residents 18.neutral 19.genuine 20.peresonality 21.strategy 22.candidate 23.versus 24.handicapped

967 □ **fasten**
[fǽsn]
- 동 고정시키다, 동여매다
- ◆ **Fasten** your seat belt, please.
  안전벨트를 매어 주십시오.

968 □ **ruin**
[rúːin]
- 명 파멸, 폐허 동 파괴(멸망)시키다
- ◆ The rice crops were **ruined** by the typhoon.
  태풍으로 벼농사가 완전히 망가졌다.

969 □ **circumstance**
[sə́ːrkəmstæ̀ns]
- 명 (pl) 환경, 사정
- ◆ according to **circumstances** 상황에 따라서

970 □ **admire**
[ədmáiər]
- 동 감탄하다, 찬양하다(praise)
- 명 admiration 감탄, 찬양
- 형 admirable 감탄할 만한
- ◆ **admire** the beauty of a swan 〔수능기출〕
  백조의 아름다움을 감탄하다

971 □ **defeat**
[difíːt]
- 동 패배(좌절)시키다 명 패배
- ◆ **defeat** the father's purpose 〔수능기출〕
  아버지의 목적을 무산시키다(좌절시키다)
- ◆ I **defeated** her at tennis.
  나는 테니스에서 그녀를 이겼다.

972☐ **assign**　　⑧ 할당하다　⑲ assignment 할당, 숙제
[əsáin]
- ◆ **assign** work to each man 각자에게 작업을 할당하다
- ◆ an English **assignment** 영어 숙제

973☐ **caution**　　⑲⑧ 조심, 경고(하다), 주의(를 주다)
[kɔ́ːʃən]　　⑱ cautious 신중한, 조심스러운
- ◆ give a **caution** to one's friend 친구에게 주의를 주다
- ◆ a **cautious** manner 조심성 있는 태도

974☐ **fury**　　⑲ 격분(anger)　⑱ furious 격분한, 격렬한
[fjú(ː)ri]
- ◆ fly into a **fury** 노발대발하다
- ◆ a **furious** attack 맹공격

975☐ **transfer**　　⑧ 옮기다, 갈아타다
[trænsfə́ːr]　　⑲ [trǽnsfər] 이동, 전학, 전임
- ◆ Please have my trunks **transferred** to the station.
  내 트렁크를 역까지 옮겨 주십시오.

976☐ **beast**　　⑲ 짐승, 야수
[biːst]
- ◆ the fierce **beast** 맹수

977☐ **escape**　　⑧ 달아나다, 피하다　⑲ 도망, 도피
[iskéip]
- ◆ **escape** from prison 탈옥하다
- ◆ **escape** punishment 처벌을 면하다

978 **athlete** [ǽθliːt]
- 몡 운동 선수 혱 athletic 운동 경기의
- ◆ an Olympic **athlete** 올림픽 선수

979 **branch** [bræntʃ]
- 몡 가지, 지점
- ◆ a **branch** office 지점

980 **scene** [siːn]
- 몡 장면, 풍경(view), 현장
- ◆ a night **scene** 야경
- ◆ a **scene** of disaster 재난 현장

981 **opinion** [əpínjən]
- 몡 생각, 견해
- ◆ public **opinion** 여론, in my **opinion** 내 생각으로는

982 **theme** [θiːm]
- 몡 주제(subject)

983 **stupid** [stjúːpid]
- 혱 어리석은(foolish), 멍청한
- ◆ What a **stupid** idea! 얼마나 어리석은 생각인가!

984 **plain** [plein]
- 혱 명백한, 쉬운, 평범한(ordinary) 몡 평원
- ◆ Not just **plain** folk hold these misconceptions. 평범한 평민들만이 이러한 잘못된 생각을 가지고 있는 것은 아니다. 수능기출

985☐ **recreation** 명 기분 전환, 오락
[rèkriéiʃən] 형 recreational 오락의, 휴양의
◆ recreational facilities 오락 시설

986☐ **overtake** 동 따라잡다, 추월하다
[òuvərtéik] ◆ No overtaking 추월 금지

987☐ **invest** 동 투자하다 명 investment 투자
[invést] 명 investor 투자자
◆ invest one's money in stocks 주식에 투자하다

988☐ **sum** 명동 합계(하다), 요약(하다)
[sʌm] 명 summation 덧셈
◆ I summed up the changes. 나는 잔돈의 합계를 냈다.

989☐ **moisture** 명 습기, 수분 형 moist 축축한(damp)
[mɔ́istʃər] ◆ be moist with dew 이슬에 젖어 있다

990☐ **fund** 명 자금, 기금
[fʌnd] ◆ a scholarship fund 장학 기금

991☐ **naked** 형 벌거벗은, 나체의(nude)
[néikid] ◆ with the naked eye 육안으로

992 □ **bark**
[bɑːrk]
- 명 개 짖는 소리 동 짖다
- ◆ **Barking** dogs seldom bite.
  잘 짖는 개는 좀처럼 물지 않는다.

993 □ **competent**
[kámpətənt]
- 형 유능한(capable), 적임의 명 competence 능력
- ◆ a **competent** secretary 유능한 비서

994 □ **coherent**
[kouhíərənt]
- 형 응집성의, 일관된, 조리 있는
- ◆ a visually **coherent** work of art 수능기출
  시각적으로 응집력 있는 예술작품

995 □ **advocate**
[ǽdvəkèit]
- 동 변호하다, 주장하다 [ǽdvəkit] 변호사, 옹호자
- 명 advocacy 변호, 주장
- ◆ **advocate** abolishing class distinctions
  계급 차별의 폐지를 주장하다

996 □ **entitle**
[intáitl]
- 동 자격(권리)을 부여하다, 표제를 달다
- ◆ At the age of 19 we **are entitled to** vote
  19세에 우리는 투표권을 부여받는다.

997 □ **tie**
[tai]
- 동 묶다, 매다(bind)
- 명 매듭, 끈, 넥타이(necktie)
- ◆ **tie** a dog to a tree with a leash
  개를 가죽 끈으로 나무에 매다

189

998 □ **activate**
[金ktivèit]
- 동 활성화하다 명 activation 활성화

999 □ **tragedy**
[trǽdʒidi]
- 명 비극 (↔ comedy 희극) 형 tragic 비극의, 비참한
- ◆ a **tragic** accident 비극적인 사고

1000 □ **item**
[áitəm]
- 명 항목, 이야깃거리
- ◆ an interesting **item** of news 재미있는 신문 기사

1001 □ **chat**
[tʃæt]
- 동 담소(잡담)하다 명 잡담
- ◆ Let's **chat** over tea. 차를 마시면서 이야기하자.

1002 □ **convert**
[kənvə́ːrt]
- 동 바꾸다(change)
- ◆ **convert** cotton **into** cloth 면사를 천으로 변화시키다

1003 □ **afford**
[əfɔ́ːrd]
- 동 ~할 (경제적/시간적) 여유가 있다(can afford to)
- ◆ I **cannot afford to** buy a new car.
  새 차를 살 여유가 없다.

1004 □ **timid**
[tímid]
- 형 겁 많은, 소심한
- ◆ as **timid** as a rabbit 토끼처럼 겁이 많은

1005 □ **grocery**
[gróusəri]
- 명 식료품(점), 잡화점 명 grocer 식료품상
- ◆ a **grocery** store 식료품점

1006 □ **eliminate**
[ilímineìt]
- 동 제거하다 명 elimination 제거, 배제
- ◆ Credit cards **eliminate** the need to carry a lot of cash.
  신용카드는 현금을 많이 가지고 다닐 필요성을 없앴다.

1007 □ **almost**
[ɔ́:lmoust]
- 부 거의
- ◆ It's **almost** ten o'clock. 10시가 다 되었다.
- ◆ He was **almost** frozen to death.
  그는 거의 얼어 죽을 뻔했다.

1008 □ **patient**
[péiʃənt]
- 형 참을성 있는 (↔ impatient 성급한) 명 환자
- 명 patience 인내
- ◆ Remind yourself to be **patient** and wait. 수능기출
  인내하면서 기다리라고 자신에게 상기시켜라.

1009 □ **channel**
[tʃǽnəl]
- 명 (통신)채널, 해협, 경로
- ◆ the (English) **Channel** 영국 해협
- ◆ a reliable **channel** 믿을 만한 소식통

1010 □ **recite**
[risáit]
- 동 암송(낭송)하다 명 recital 낭송, 독주(회)
- ◆ **recite** a poem 시를 낭송하다

1011 **circulate** [sə́:rkjulèit] — 동 돌다, 순환하다 명 circulation 형 circular 원형의
◆ Regular exercise will improve blood **circulation**.
규칙적인 운동은 혈액 순환을 개선시킬 것이다.

1012 **crash** [kræʃ] — 동 부수다, 충돌하다, 추락하다 명 충돌, 추락
◆ **crash** a cup against a wall 찻잔을 벽에 던져 박살을 내다

1013 **lawsuit** [lɔ́:sù:t] — 명 소송(suit)
◆ bring in a **lawsuit** against ~에 대해 소송을 제기하다

1014 **confess** [kənfés] — 동 자백하다, 인정하다(admit) 명 confession 자백
◆ She **confessed** her crime to her friends.
그녀는 죄를 친구들에게 자백했다.

1015 **mature** [mətjúər] — 형 성숙한 (↔ immature 미숙한) 명 maturity 성숙
◆ a **mature** and sensible attitude
성숙하고 분별있는 태도

1016 **verse** [vəːrs] — 명 시, 운문 (↔ prose 산문)

1017 **against** [əgénst] — 전 ~에 대항하여, 역행하여, ~에 기대어
◆ **against** the current 흐름에 역행하여
◆ lean **against** the wall 벽에 기대다

1018 **prose** ㊔ 산문
[prouz]

1019 **conflict** ㊔ 대립, 갈등, 투쟁 ㊁ [kənflíkt] 싸우다, 대립하다
[kánflikt]
◆ become involved in **conflicts** 수능기출
갈등에 연루되다

1020 **modern** ㊗ 현대의, 요즈음의
[mádərn]
◆ **modern** ideas 현대 사상

1021 **inhabit** ㊁ ~에 살다, 거주하다 ㊔ inhabitant 주민
[inhǽbit]
◆ This neighborhood is **inhabited** by rich people.
이 동네에는 부자들이 살고 있다.

1022 **minimize** ㊁ 최소화하다(↔ maximize 최대화하다)
[mínimàiz]
㊔㊗ minimum 최소(의), 최저(의) (↔ maximum)
◆ **minimum** wages 저저 임금
◆ **minimize** time spent shopping 수능기출
쇼핑 시간을 최소화하다

1023 **disposable** ㊗ 처분할 수 있는, 1회용의
[dispóuzəbl]
㊁ dispose 처분(처리)하다
㊔ disposal 처분, 처리
◆ the **disposal** of nuclear waste 핵 폐기물 처리
◆ **disposable** paper cup 1회용 종이컵

1024☐ **maximize** ⓥ 최대화하다
[mǽksimàiz] ⓝⓐ maximum 최대(의), 최고(의)
- the **maximum** speed 최고 속도

1025☐ **legend** ⓝ 전설
[lédʒənd] ⓐ legendary 전설적인
- according to **legend** 전설에 따르면
- be nothing but a **legendary** person
  전설적인 인물에 불과하다

1026☐ **warn** ⓥ 경고하다
[wɔːrn] ⓝ warning 경고, 주의(caution)
- **warn** of danger 위험을 경고하다
- a storm **warning** 태풍 경보

1027☐ **rush** ⓥ 돌진하다(dash), ~을 급하게 하다
[rʌʃ]
- **rush** to the scene of an accident
  사고 현장으로 급히 가다
- **rush** one's work 서둘러 일을 하다
  cf. rush hour 출퇴근 시간

1028☐ **entrance** ⓝ 입장, 입학, 출입구
[éntrəns] ⓥ enter 들어가다
- an **entrance** examination 입학 시험
- the main **entrance** to the building 그 건물의 정문

Day 36

1029 □ **intent**
[intént]
- 명 의지, 의도(intention)
- 동 intend 의도하다, ~할 작정이다
- 형 intentional 고의적인
- 부 intentionally 고의로(on purpose)
- ◆ maintaining the original painter's intent 수능기출
  원래 화가의 의도를 유지하기

1030 □ **surface**
[sə́ːrfis]
- 명 표면 형 표면의
- ◆ the surface of the earth 지구의 표면

1031 □ **transform**
[trænsfɔ́ːrm]
- 동 변형하다, 바꾸다
- 명 transformation 변형, 변화
- ◆ transform the music depending upon one's own personal taste 수능기출
  개인의 취향에 따라 음악을 변형하다

1032 □ **sword**
[sɔːrd]
- 명 검, 무력
- ◆ The pen is mightier than the sword. 속담
  펜은 칼보다 강하다.

1033 □ **bury**
[béri]
- 동 묻다(매장하다) 명 burial 매장, 장례식
- ◆ They buried him at sea. 그는 수장(水葬) 되었다.

195

1034 **phase** [feiz]
명 국면(aspect), 단계
◆ enter on a new **phase** 새로운 국면에 접어들다

1035 **certificate** [sərtífikit]
명 증명서, 면허증, 수료증
동 [sərtífikeit] ~을 인증하다, ~에게 면허증을 주다
◆ a teacher's **certificate** 교원 자격증

1036 **overseas** [òuvərsí:z]
형 해외의 부 해외로
◆ go **overseas** 해외로 가다

1037 **capture** [kǽptʃər]
동 ~을 붙잡다, 체포하다 명 포획
◆ The police **captured** the pickpocket.
경찰은 소매치기를 체포했다.

1038 **merely** [míərli]
부 단지 형 mere 단순한
◆ not **merely** A but (also) B   A뿐만 아니라 B도

1039 **insult** [ínsʌlt]
명 모욕 동 [insʌ́lt] 모욕하다
◆ put up with a **insult** 모욕을 꾹 참다

1040 **grief** [gri:f]
명 슬픔(sorrow)
동 grieve 슬퍼하다
◆ be in deep **grief** 깊은 슬픔에 젖어 있다

1041 □ **background** 명 배경, 바탕
[bǽkgràund]
- ◆ the historical **background** of a war
그 전쟁의 역사적 배경

1042 □ **current** 형 현재의(present), 유행의 명 흐름
[kə́ːrənt] 명 currency 통화, 화폐
- ◆ **current** topics 오늘의 화제

1043 □ **commence** 동 시작하다(begin), 개시하다 명 commencement 시작
[kəméns]
- ◆ **commence** the study of law 법률 공부를 시작하다

1044 □ **testimony** 명 증거, 증언
[téstimòuni]
- ◆ give false **testimony** 거짓 증언을 하다

1045 □ **forbid** 동 금지하다(prohibit) 형 forbidden 금지된
[fərbíd]
- ◆ Playing with food was **forbidden**.
음식을 가지고 노는 것은 금지되었다. 수능기출

1046 □ **tense** 형 팽팽한, 긴장한 명 tension 긴장
[tens]
- ◆ a **tense** moment 긴장한 순간

1047 □ **charity** 명 자선(단체) 형 charitable 자비로운
[tʃǽriti]
- ◆ a **charity** concert 자선 음악회

1048 **scheme** [skiːm]
- 명 계획(plan), 음모 동 ~을 계획하다
- ◆ adopt a **scheme** 계획을 채택하다
- ◆ a **scheme** for relieving housing shortage 주택난 완화 계획

1049 **union** [júːnjən]
- 명 결합, 조합, 연방
- ◆ labor **union** 노동 조합

1050 **float** [flout]
- 동 뜨다, 떠돌다(drift)
- ◆ A cork **floats** on the water. 코르크는 물에 뜬다.
- ◆ An idea suddenly **floated** into my mind. 아이디어가 갑자기 떠올랐다.

1051 **defend** [difénd]
- 동 방어하다(↔attack 공격하다) 명 defense 방어
- ◆ legal **defense** 정당 방위
- ◆ Offense is the best **defense**. 공격은 최선의 방어이다.

1052 **below** [bilóu]
- 부 아래에, 하위에
- ◆ the room **below** 아래 층의 방
- ◆ the court **below** 하급 법원

1053 **sanitary** [sǽnitèri]
- 형 위생의(hygienic)
- ◆ poor **sanitary** conditions 열악한 위생 상태

1054 **diligent**
[dílidʒ(ə)nt]
- 형 근면한(industrious) (↔ lazy 게으른)
- 명 diligence 근면
- ◆ a **diligent** student 근면한 학생

1055 **imply**
[implái]
- 동 함축하다, 암시하다(suggest)
- 명 implication 연루, 포함
- ◆ Drama **implies** conflict. 갈등이 없는 곳에 연극은 없다.

1056 **smooth**
[smuːð]
- 형 매끄러운 부 smoothly 매끈하게
- ◆ The fabric is **smooth** to touch.
  그 직물은 감촉이 매끄럽다.

1057 **dim**
[dim]
- 형 어둠침침한, 희미한
- ◆ a **dim** room 어둠침침한 방
- ◆ a **dim** memory 희미한 기억

1058 **old-fashioned**
[ouldfǽʃənd]
- 형 시대에 뒤떨어진, 구식의(out of date)
- ◆ The clothes are **old fashioned**.
  그 옷은 구식이다.

1059 **barely**
[bɛ́ərli]
- 부 겨우(가까스로), 거의 ~않다(hardly)
- 형 bare 벌거벗은(naked)
- ◆ He could **barely** order his meal in French.
  그는 가까스로 식사를 프랑스어로 주문할 수 있었다.

Check up (34th–36th day)

1) 다음 영어는 우리말로, 우리말은 영어로 쓰시오.(1-14)

1. circumstance
2. transfer
3. competent
4. eliminate
5. mature
6. certificate
7. commence
8. 짐승
9. 습기
10. 비극
11. 전설
12. 표면
13. 증언
14. 모욕

2) 다음 빈 칸에 알맞은 단어를 쓰시오.(15-24)

15. _____ your seat belt, please. 안전벨트를 매주세요.
16. an English _____ 영어 숙제
17. an Olympic _____ 올림픽 선수
18. _____ facilities 오락시설
19. with the _____ eye 육안으로
20. a storm _____ 태풍 경보
21. a _____ concert 자선 음악회
22. labor _____ 노동조합
23. Offense is the best _____. 공격은 최선의 방어다.
24. _____ topics 오늘의 화제

Speed Test

manager	지배인, 부장	currently	현재, 지금
lamppost	가로등	avenue	대로, 큰 가로
wholesale	도매(의)	upcoming	다가오는
pet	애완동물	stress	강조, 압박
owing to	~때문에	resident	주민
flight	항공편	reception	리셉션, 환영회

정답 1.환경 2.옮기다 3.유능한 4.제거하다 5.성숙한 6.증명서 7.시작하다
8.beast 9.moisture 10.tragedy 11.legend 12.surface 13.testimony 14.insult
15.fasten 16.assignment 17.athlete 18.recreational 19.naked 20.warning
21.charity 22.union 23.defense 24.current

1060 empty
[émpti]
- 형 빈, 공허한
- ◆ an empty box 빈 상자
- ◆ empty labor 헛수고

1061 heredity
[hiréditi]
- 명 유전 형 hereditary 유전의, 세습의
- ◆ hereditary diseases 유전 질환

1062 bottom
[bátəm]
- 명 아랫 부분, 바닥
- ◆ at the bottom of a hill 언덕의 기슭에

1063 rational
[rǽʃən(ə)l]
- 형 합리적인(reasonable), 이성적인(↔ irrational 불합리한)
- ◆ Man is a rational animal.
  인간은 이성적인 동물이다.

1064 primitive
[prímitiv]
- 형 원시의, 초기의 명 primitiveness 원시성
- ◆ the primitive times 원시 시대 수능기출

1065 sight
[sait]
- 명 시력, 시야, 풍경
- ◆ He fell in love with her at first sight.
  그는 그녀에게 첫눈에 반했다.
- ◆ have good sight 시력이 좋다

201

1066□ **melt**
[melt]
동 녹다
◆ Sugar **melts** in water. 설탕은 물에 녹는다.
◆ **melting** point 녹는 점

1067□ **sting**
[stiŋ]
동 찌르다 명 침, 고통
◆ the **stings** of conscience 양심의 가책

1068□ **abide**
[əbáid]
동 머무르다, 기다리다(wait for)
형 **abiding** 영속적인(lasting)
◆ **abide by** a decision 결정에 따르다
◆ **abiding** friendship 변치않는 우정

1069□ **incident**
[ínsidənt]
명 사건
◆ There was a shooting **incident** near here last night.
지난 밤 이 근처에서 총격 사건이 있었다.

1070□ **hurt**
[həːrt]
동 다치게 하다(injure), 아프게 하다
◆ My new shoes **hurt**.
구두가 새 것이라 발이 아프다.
◆ I was seriously **hurt**. 중상을 입었다.

1071□ **victim**
[víktim]
명 희생(자), 피해(자)
◆ war **victims** 전쟁 희생자들
◆ the flood **victims** 수재민들 수능기출

1072 **inferior**
[infíəriər]
- 형 (~보다)열등한, 낮은(↔superior)
- 명 inferiority 열등, 하위
- ◆ the **inferior** courts 하급 법원
- ◆ This novel of his is **inferior to** the previous one.
  이번 그의 소설은 먼저 작품보다 못하다.

1073 **superior**
[supíəriər]
- 형 (~보다)뛰어난, 상급의(↔ inferior)
- 명 **superiority** 우월, 우위
- ◆ a **superior** official 상급 관리
- ◆ She is **superior to** him in speaking English.
  그녀는 영어회화에 있어서 그보다 뛰어나다.

1074 **tomb**
[tu:m]
- 명 무덤(grave) 동 매장하다(bury)
- ◆ **tomb** stone 묘비

1075 **applaud**
[əplɔ́:d]
- 동 박수(갈채)를 보내다
- 명 applause 박수갈채
- ◆ We **applauded** the actor.
  우리는 그 배우에게 박수갈채를 보냈다.

1076 **impact**
[ímpækt]
- 명 영향(influence), 충격
- 동 [impǽkt] 영향을 미치다, 격돌하다
- ◆ His death gave a great **impact** to the political world.
  그의 죽음은 정계에 큰 충격을 주었다.

1077 □ **sake**
[seik]
- 명 동기(motive), 이유(reason), 목적(purpose)
- ◆ for convenience' sake 편의상

1078 □ **arctic**
[ɑ́ːrktik]
- 형 북극의 (↔ antarctic 남극의)
- ◆ an arctic expedition 북극 탐험

1079 □ **moral**
[mɔ́ːrəl]
- 형 도덕적인 (↔ immoral 부도덕한) 명 교훈, 도덕
- 명 morality 도덕(성)
- ◆ moral consciousness 도덕 의식

1080 □ **valid**
[vǽlid]
- 형 유효한(effective), 타당한
- ◆ a contract valid for three years
  3년간 법적으로 유효한 계약

1081 □ **haste**
[heist]
- 명 서두름, 신속
- 동 hasten 서두르다
- 형 hasty 서두르는
- ◆ More haste, less speed. 급할수록 천천히 [속담]
- ◆ haste away 급히 떠나다

1082 □ **dip**
[dip]
- 동 (살짝)담그다, (물 등을)떠내다
- ◆ dip the bread in the milk 빵을 우유에 적시다
- ◆ I took the gourd, dipped some water and drank. [수능기출]
  조롱박을 집어서 물을 조금 떠 마셨다.

1083 **president** [prézidənt]
- 명 대통령, 회장 명 presidency (대통령의)직위, 임기
- 형 presidential 대통령의
- ◆ vice-president 부통령, 부회장

1084 **fake** [feik]
- 동 날조하다, ~인 체하다(pretend)
- ◆ fake illness 아픈 체하다
- ◆ fake news 기사를 날조하다

1085 **expanse** [ikspǽns]
- 명 확장, 팽창
- 형 expansible 확대할 수 있는, 넓혀지는
- ◆ a wide expanse of forest and field 수능기출
  넓게 펼쳐진 숲과 들판

1086 **ally** [əlái]
- 동 동맹(제휴)하다 명 동맹국, 연합국
- 명 alliance 동맹, 결연
- ◆ be allied with ~와 동맹하고 있다

1087 **slender** [sléndər]
- 형 가느다란, 날씬한
- ◆ a slender girl 날씬한 소녀

1088 **surpass** [sərpǽs]
- 동 ~을 능가하다, ~우월하다
- 형 surpassing 우수한
- ◆ The sum total greatly surpassed my estimate.
  총액은 나의 추산을 훨씬 초과했다.

1089 **bone**
[boun]
- 명 뼈 형 bony 뼈가 앙상한
- ◆ cheek **bones** 광대뼈

1090 **elastic**
[ilǽstik]
- 형 탄력이 있는, 융통성 있는
- ◆ an **elastic** band 고무 밴드

1091 **royal**
[rɔ́iəl]
- 형 왕의, 위엄있는 명 royalty 왕권, 인세
- ◆ the **royal** crown 왕관 , the blood **royal** 왕족

1092 **hazard**
[hǽzərd]
- 명 위험(danger) 동 위험을 무릅쓰다
- 형 hazardous 위험한
- ◆ at all **hazards** 온갖 위험을 무릅쓰고

1093 **masterpiece**
[mǽstərpìːs]
- 명 걸작, 명작
- ◆ This picture is a **masterpiece** of Chagal.
  이 그림은 샤갈의 걸작이다.

1094 **domestic**
[do(u)méstik]
- 형 가정의, 국내의
- 동 domesticate 길들이다
- ◆ **domestic** and foreign policies 국내외 정책
- ◆ **domestic** goods 국산품

1095 **fantastic** 형 환상적인, 별난 명 fantasy 공상, 환상
[fæntǽstik]
◆ a **fantasy** world 환상의 세계

1096 **acquire** 동 얻다(gain)
[əkwáiər]
명 acquirement 습득, 취득, (pl)재능, 학식
◆ **acquire** a good reputation 명성을 얻다

1097 **component** 형 구성하고 있는 명 구성 요소, 성분
[kəmpóunənt]
◆ What are the **components** of the chemical seasoning?
화학 조미료의 성분은 무엇입니까?

1098 **spill** 동 엎지르다, 쏟다
[spil]
◆ It is no use crying over **spilt** milk. 속담
엎지른 물은 다시 담을 수 없다.

1099 **paralyze(-se)** 동 마비시키다
[pǽrəlàiz]
명 paralysis 마비
◆ be **paralyzed** in both legs 두 다리가 마비되다

1100 **speculate** 동 사색하다, 투기하다
[spékjulèit]
명 speculation 사색, 투기 명 speculator 투기꾼
◆ **speculate** in property 부동산 투기를 하다
◆ **speculate** about one's future 장래를 깊이 생각하다

1101 □ **solemn**
[sáləm]
(형) 엄숙한, 진지한 (명) solemnity 엄숙, 장엄
- a solemn expression 진지한 표정
- a solemn ceremony 엄숙한 의식

1102 □ **bid**
[bid]
(동) 명령하다, 말하다
- bid farewell to ~에게 작별을 고하다

1103 □ **steep**
[stiːp]
(형) 가파른
- a steep grade 가파른 경사

1104 □ **conquer**
[káŋkər]
(동) 정복하다(↔ surrender 항복하다)
(명) conquest 정복 (명) conqueror 정복자
- conquer territories 영토를 정복하다

1105 □ **vote**
[vout]
(명)(동) 투표(하다), 선거(하다) (명) voter 투표자, 유권자
- a direct vote 직접 투표
- vote for (against) the candidate
  그 후보자에 대하여 찬성(반대) 표를 던지다

1106 □ **excuse**
[ikskjúːz]
(동) 용서하다, 변명하다
(명) [ikskjúːs] 변명(apology)
- Excuse me. 실례합니다.
- He excused his delay as due to the weather.
  그는 늦어진 것을 날씨 탓으로 변명했다.

1107 **warrant** [wɔ́:r(ə)nt] 명동 보증(하다)
- ◆ **warrant** quality 품질을 보증하다

1108 **glow** [glou] 동 빛나다 명 (은은한)불빛
- ◆ the **glow** of the firelight 〔수능기출〕
  벽난로의 은은한 불빛

1109 **treasure** [tréʒər] 명 보물 동 소중히 하다
- ◆ national **treasure** 국보

1110 **insane** [inséin] 형 미친(mad), 제 정신이 아닌
- ◆ He went **insane**. 그는 미쳐 버렸다.

1111 **cunning** [kʌ́niŋ] 명 교활, 못된 꾀 형 교활한, 간사한
- ◆ as **cunning** as a fox 여우처럼 간사한

1112 **eccentric** [ikséntrik] 형 (행동 따위가)별난, 기상한 명 기짜
- ◆ an **eccentric** conduct 괴상한 행동

1113 **overall** [óuvərɔ̀:l] 형 전부의, 전체적인 부 전체적으로
- ◆ the patient's **overall** physical condition 〔수능기출〕
  환자의 전체적인 신체 상태
- ◆ an **overall** plan 종합적 계획

209

1114 **vast** [væst]
- 형 막대한(immense), 거대한(huge)
- ◆ **vast** sums of money 거액의 돈

1115 **discard** [diskɑ́:rd]
- 동 버리다
- ◆ items that are meant to be used once and **discarded** 수능기출
  한번 쓰고 버려지도록 되어있는 상품들

1116 **potent** [póut(ə)nt]
- 형 강력한, 유력한   명 **potency** 효능, 잠재력
- ◆ the **potency** of a drug 약의 효능
- ◆ **potent** drinks 독한 술

1117 **cast** [kæst]
- 동 (cast-cast-cast)던지다, 배역을 맡기다
- ◆ **cast** a stone at a person 남에게 돌을 던지다
- ◆ **cast** an actor for a play 연극의 배우를 뽑다

1118 **mention** [ménʃən]
- 동 말하다, 언급하다   명 언급, 진술
- ◆ Don't **mention** it. 천만에요
- ◆ Nobody **mentioned** anything to me about it.
  누구도 그것에 대해 나에게 언급하지 않았다.

1119 **emission** [imíʃən]
- 명 방출   동 **emit** 방출하다
- ◆ CO_2 **emission** from residential heating 수능기출
  주거용 난방으로부터의 CO_2 방출

Day 39

1120 □ transparent 형 투명한, (의도 따위가) 빤히 보이는
[trænspέərənt]
- ◆ transparent glass 투명 유리
- ◆ a transparent excuse 빤히 들여다 보이는 변명

1121 □ imitation 명 모방 동 imitate 모방하다
[imitéiʃən]
- ◆ Children try to imitate their adults.
  아이들은 어른들의 흉내를 내려고 한다.

1122 □ sentence 명동 선고(하다), 판결(하다), 문장
[séntəns]
- ◆ sentence a person to death
  남에게 사형 선고를 내리다

1123 □ duty 명 의무, 세금
[djúːti] 형 dutiful 본분을 지키는
- ◆ a sense of duty 의무감
- ◆ free of duties 면세의

1124 □ extent 명 범위, 정도(degree)
[ikstént] 동 extend 뻗다, 확대(확장)하다
- ◆ to some extent 어느 정도까지
- ◆ extend the conversation 대화를 연장하다 〈수능기출〉
- ◆ extend a road 길을 확장하다

1125 □ **murder**
[mə́:rdər]
- 명동 살인(하다) 명 murderer 살인자
- ◆ an attempted **murder** 살인 미수

1126 □ **settle**
[sétl]
- 동 정착하다, 해결하다
- 명 settlement 정착(촌), 해결
- ◆ He **settled** himself in America.
  그는 미국에 정착했다.
- ◆ **settle** difficulties 곤란을 해결하다

1127 □ **appropriate**
[əpróuprièit]
- 형 적절한, 적당한(proper)
- ◆ an **appropriate** example 적절한 예

1128 □ **plague**
[pleig]
- 명 전염병
- ◆ **plague**-stricken districts 전염병 지역

1129 □ **declare**
[diklɛ́ər]
- 동 선언(발표)하다
- 명 declaration 선언
- ◆ the **declaration** of independence 독립 선언
- ◆ **declare** a state of emergency 비상사태를 선언하다

1130 □ **starve**
[stɑ:rv]
- 동 굶주리다, 갈망하다(for) 명 starvation 기아
- ◆ **starve for** mother's love
  어머니의 사랑에 굶주려 있다
- ◆ **starve** to death 굶어 죽다

1131 **standard** [stǽndərd]
명형 표준(의), 모범(적인)
◆ come up to the **standard** 표준에 도달하다

1132 **vision** [víʒən]
명 시력, 통찰력, 환상
형 visible 눈에 보이는, 명백한
◆ a man of **vision** 선견지명이 있는 사람
◆ have normal **vision** 시력이 정상이다

1133 **taboo** [təbúː]
형 금기(의) 동 금하다
◆ break a **taboo** 금기를 깨다

1134 **straight** [streit]
형 똑바른 부 똑바로
◆ Go **straight** ahead. 똑바로 가라.

1135 **seek** [siːk]
동 (seek-sought-sought) 찾다, 노력하다(to)
◆ **seek** to find an answer 해답을 찾으려고 노력하다
◆ He is **seeking** for employment.
그는 일자리를 찾고 있다.

1136 **emigrant** [émigrənt]
명 (자국에서 국외로) 이민(자) 형 이주하는
(↔ immigrant(외국에서 이주 오는) 이민(자))
동 emigrate 이주하다
◆ **emigrants** from Korea to Brazil
한국에서 브라질로 가는 이민들

213

1137 □ **efficient**
[ifíʃənt]
- 형 능률적인, 효율적인(↔ inefficient)
- 명 efficiency 능률, 효율
- ◆ **efficient** heating equipment 효율적인 난방 설비

1138 □ **polish**
[pάliʃ]
- 동 광을 내다, 닦다
- ◆ **polish** shoes 구두 광을 내다

1139 □ **informal**
[infɔ́ːrməl]
- 형 비공식적인(↔ formal 공식적인)
- ◆ **informal** meeting 비공식 회담

1140 □ **deficient**
[difíʃənt]
- 형 부족한, 불충분한(↔ sufficient 충분한)
- 명 deficiency 부족
- ◆ She is **deficient** in common sense.
  그녀는 몰상식하다.

1141 □ **talent**
[tǽlənt]
- 명 재능 형 talented 재능이 있는
- ◆ have a **talent** for painting 그림에 재능이 있다
- ◆ a **talented** musician 재능있는 음악가

1142 □ **equip**
[ikwíp]
- 동 갖추다, 설비하다
- 명 equipment 장비, 설비
- ◆ a building **equipped** as a hospital
  병원으로서의 시설을 갖춘 건물
- ◆ be **equipped** with ~을 갖추고 있다

1143□ **pioneer**
[pàiəníər]
- 명 개척자, 선구자 동 개척하다
- ◆ the **pioneer** spirit 개척자 정신
- ◆ **pioneers** in electronics 전자 공학의 선구자들

1144□ **reinforce**
[rìːinfɔ́ːrs]
- 동 강화하다, 보강(증강)하다
- 명 reinforcement 강화
- ◆ **reinforce** a wall with mud
  진흙으로 벽을 보강하다

1145□ **repeat**
[ripíːt]
- 동 반복하다
- 명 repetition 반복
- ◆ Such a conduct must never be **repeated**.
  이런 일로 되풀이해서는 안된다.

1146□ **debt**
[det]
- 명 빚, 은혜
- ◆ a national **debt** 국채
- ◆ owe a **debt** to ~에게 빚을 지다

1147□ **savage**
[sǽvidʒ]
- 형 야만스러운, 미개한 명 야만인
- ◆ a **savage** country 미개국

1148□ **mo(u)ld**
[mould]
- 명 틀, 형(型) 동 틀에 넣어 만들다
- 명 molding 주조(물)
- ◆ **mold** a face in clay 점토로 사람의 얼굴을 만들다

Check up (37th-39th day)

1) 다음 영어는 우리말로, 우리말은 영어로 쓰시오.(1-14)

1. applaud
2. slender
3. masterpiece
4. acquire
5. conquer
6. mention
7. appropriate
8. 유전
9. 사건
10. 도덕성
11. 대통령
12. 보물
13. 모방
14. 전염병

2) 다음 빈 칸에 알맞은 단어를 쓰시오.(15-24)

15. the _____ times   원시시대
16. _____ goods   국산품
17. as _____ as a fox   여우처럼 간사한
18. the _____ of a drug   약의 효능
19. _____ glass   투명 유리
20. free of _____   면세의
21. _____ to death   굶어 죽다
22. _____ meeting   비공식 회담
23. the _____ spirit   개척자 정신
14. an attempted _____   살인 미수

Speed Test

resemble	닮다(take after)	disappear	사라지다(vanish)
edit	편집하다(compile)	unfortunate	불행한(unlucky)
indicate	가리키다	costly	값비싼, 희생이 큰
enjoy	즐기다	unless	만약~하지 않으면
absurd	어리석은	via	~을 통해서
consult	상담(상의)하다	extra	여분의, 추가의

정답 1.박수를 보내다 2.날씬한 3.걸작 4.얻다 5.정복하다 6.말하다 7.적절한
8.heredity 9.incident 10.morality 11.president 12.treasure 13.imitation 14.plague
15.primitive 16.domestic 17.cunning 18.potency 19.transparent 20.duties
21.starve 22.informal 23.pioneer 24.murder

1149 **legal** [líːgəl]
- 혱 법률의, 합법적인(↔ illegal 불법의)
- ◆ a legal act 합법적 행위, legal knowledge 법률 지식

1150 **silent** [sáilənt]
- 혱 조용한(calm) 몡 silence 침묵
- ◆ silent as the grave 무덤처럼 조용한

1151 **precise** [prisáis]
- 혱 정확한(↔ vague 애매한) 몡 precision 정밀, 정확
- ◆ a precise amount 정확한 수량
- ◆ the precision of Huygens' clock 수능기출
  Huygens 시계의 정확성

1152 **nuclear** [n(j)úːkliər]
- 혱 핵의, 원자력의
- ◆ nuclear weapons 핵무기
- ◆ a nuclear energy plant 원자력 발전소

1153 **leap** [liːp]
- 몡 도약하다, 껑충 뛰다(jump) 몡 도약, 뜀
- ◆ Look before you leap. 속담
  돌다리도 두드려 보고 건너라.

1154 **transient** [trǽnʃənt]
- 혱 일시적인, 단기 체류의
- ◆ a transient emotion 일시적인 감정

1155☐ **substance** 명 물질, 본질
[sʌ́bstəns] 형 substantial 상당한, 중요한
- chemical **substances** 화학 물질
- the **substance** of education 교육의 본질
- a **substantial** income 상당한 수입

1156☐ **specimen** 명 표본, 견본
[spésimin]
- **specimen** of butterflies 나비 표본
- a **specimen** copy of a new book
  신간 서적의 견본

1157☐ **drought** 명 가뭄
[draut] 형 droughty 건조한
- a serious **drought** 심한 가뭄

1158☐ **vehicle** 명 수송 수단, 탈 것, 매개물
[víːikl]
- public **vehicle** 대중교통 수단
- Music can be a **vehicle** for ideas.
  음악은 사상의 전달 수단이 될 수 있다.

1159☐ **comment** 명동 논평(하다), 해설(하다)
[kάment/kɔ́m-] 명 commentary 주석, (pl) 실록
- No **comment**. 할 말이 없다.
- I suppose his criticism was fair **comment**.
  내 생각에 그의 비판은 정당한 논평이었다.

1160 □ **withdraw**
[wiðdrɔ́ː]
- 동 인출하다, 물러나다, 철회하다
- 명 withdrawal 탈퇴, 철회
  - ◆ **withdraw** money from the bank
    돈을 은행에서 인출하다
  - ◆ **withdraw** an offer 제안을 철회하다

1161 □ **peninsula**
[pənínsələ]
- 명 반도
  - ◆ the Korean **peninsula** 한반도

1162 □ **vital**
[váitl]
- 형 생명의, 중대한, 활기찬 명 vitality 생명력, 활력
  - ◆ a **vital** wound 치명상
  - ◆ another **vital** factor 또 다른 중요한 요소 수능기출

1163 □ **specialize**
[spéʃəlàiz]
- 동 전공하다, 전문화하다(in)
  - ◆ **specialize in** economics 경제학을 전공하다

1164 □ **generous**
[dʒénərəs]
- 형 너그러운, 아낌없는, 많은 명 generosity 관용
  - ◆ He is **generous** in giving help.
    그는 아낌없이 원조를 제공한다.
  - ◆ a **generous** amount of space 많은 공간

1165 □ **growth**
[grouθ]
- 명 성장 동 grow 성장하다, 재배하다
  - ◆ **growth** rate 성장률
    cf. grown-up 형 성장한 명 성인

1166 □ **base** 　　　　명 기초(basis), 토대, 기지
[beis]
- ◆ be **based on** (upon) ~을 기반으로 하다
- ◆ an air **base** 공군 기지

1167 □ **desperate** 　형 절망적인　동 despair 절망하다, 단념하다
[désp∂rit] 　　명 desperation 절망, 자포자기
- ◆ a **desperate** situation 절망적인 상황
- ◆ We **despaired** of success. 우리는 성공을 단념했다.

1168 □ **psychology** 　명 심리학　명 psychologist 심리학자
[saikάlədʒi] 　　형 psychological 심리학의, 심리적인
- ◆ **psychological** effect 심리적 효과

1169 □ **function** 　동 기능을 하다, 작용하다　명 기능, 함수
[fʌ́ŋkʃən] 　　형 functional 기능적인
- ◆ the **function** of the heart 심장의 기능

1170 □ **loyal** 　형 충성스러운, 성실한　명 loyalty 충성, 성실
[lɔ́i(ə)l] 　　부 loyally 충실히
- ◆ a **loyal** husband 성실한 남편

1171 □ **fault** 　명 잘못, 결점(defect)　형 faulty 잘못된, 결함이 있는
[fɔ:lt]
- ◆ That is entirely my **fault**.
  그것은 전적으로 내 잘못이다.

1172 □ **expose** [ikspóuz]
- 동 노출하다, 폭로하다(disclose) (↔conceal 감추다)
- 명 exposure 폭로, 노출
- 명 exposition 박람회
- ◆ **exposure** to the sun 햇빛에 노출되는 것 〔수능기출〕
- ◆ **expose** a plot 계획을 폭로하다

1173 □ **spicy** [spáisi]
- 형 양념을 한, 향료가 풍부한   명 spice 양념

1174 □ **infinite** [ínfinit]
- 형 무한의(endless), 막대한   명 infinity 무한, 무궁
- ◆ **infinite** stockpile of oil 막대한 석유의 저장량
- ◆ **infinite** gratitude 무한한 감사

1175 □ **outlook** [áutlùk]
- 명 전망, 경치, ~관(觀)
- ◆ have a pleasant **outlook** 전망이 좋다
- ◆ one's **outlook** on life 사람의 인생관

1176 □ **faith** [feiθ]
- 명 믿음, 신념(belief)
- 형 faithful 충실한, 성실한(sincere)
- ◆ unshaken **faith** 흔들리지 않는 신념
- ◆ a **faithful** public official 의무에 충실한 공무원

1177 □ **reliable** [riláiəbl]
- 형 믿을 만한, 확실한   명 reliance 신뢰, 신용(trust)
- 동 rely 믿다, 의지하다(on)
- ◆ an information from a **reliable** source
  믿을 만한 소식통으로부터의 정보

Day 41

1178 □ **shy**
[ʃai]
혱 수줍어하는, 부끄러워하는
◆ Don't be **shy**. 부끄러워하지 마라.

1179 □ **remindful**
[rimáindfəl]
혱 생각나게 하는(of)
동 remind 일깨우다, 생각나게 하다
◆ skill and artistry **remindful of** player like Bjom Borg 수능기출
Bjom Borg 같은 선수를 연상케 하는 기술과 예술성

1180 □ **neglect**
[niglékt]
동 무시하다, 게을리하다
◆ **neglect** one's duty 의무를 게을리하다
◆ **neglect** one's heath 건강에 주의하지 않다

1181 □ **dull**
[dʌl]
혱 우둔한(foolish), 무딘(↔ sharp 예리한)
◆ a **dull** knife 무딘 칼

1182 □ **detect**
[ditékt]
동 발견(탐지)하다
명혱 detective 탐정(의)
명 detector 탐지기
◆ a **detective** story 탐정 소설
◆ to **detect** such dangerous diseases as cancer
암과 같은 위험한 질병을 발견해내기 위해 수능기출

1183 □ **garage**
[gərɑ́ːʒ]
- 명 차고, 자동차 정비소
- ◆ put a car into a **garage** 차를 차고에 넣다

1184 □ **triumph**
[tráiəmf]
- 명 승리(victory)
- 형 triumphant 승리한, 의기양양한
- ◆ a **triumphant** general 개선 장군

1185 □ **register**
[rédʒistər]
- 명동 등록(하다), 등기(하다), 명부
- 명 registration 등록, 등기
- ◆ a **registered** letter 등기 우편물

1186 □ **extract**
[ikstrǽkt]
- 동 뽑다, 추출하다 명 [ékstrækt] 추출물, 발췌
- ◆ **extract** a decayed tooth 충치를 뽑다
- ◆ **extract** the juice from a fruit 과일에서 즙을 짜내다

1187 □ **fortune**
[fɔ́ːrtʃ(ə)n]
- 명 행운(↔misfortune 불운), 운, 재산
- 형 fortunate 운 좋은   부 fortunately 다행히
- ◆ have the good **fortune** 운이 좋다 수능기출
- ◆ a man of **fortune** 재산가, a **fortune**-teller 점쟁이

1188 □ **artificial**
[ɑ̀ːrtifíʃəl]
- 형 인공의, 인조의(↔natural 천연의)
- 부 artificially 인공적으로
- ◆ **artificial** flowers 조화
- ◆ an **artificial** satellite 인공 위성

1189 **liquid** [líkwid]
명형 액체(의)
- ◆ **liquid** fuel 액체 연료

1190 **raise** [reiz]
동 올리다, 기르다, 모금하다
- ◆ **raise** a subscription 기부금을 모금하다
- ◆ **raise** various kinds of roses 여러 종류의 장미를 재배하다

1191 **margin** [má:rdʒin]
명 가장자리(edge), 여백, 판매 수익
- ◆ leave a **margin** 여백을 남기다
- ◆ by a narrow **margin** 간신히

1192 **gloomy** [glú:mi]
형 어두운(dark), 우울한
명동 gloom 어둠, 우울, 어두워지다, 우울해지다
- ◆ He looks **gloomy** about his life. 그는 그의 인생에 대해 비관하는 것 같다.

1193 **concise** [kənsáis]
형 간결한
- ◆ clear and **concise** instructions 명확하고 간결한 지시

1194 **vertical** [və́:rtikəl]
형 수직의(perpendicular) (↔horizontal 수평의)
- ◆ a **vertical** motion 상하 운동

1195 □ **radical**
[rǽdikəl]
- 형 근본적인, 급진적인 명 급진주의자
- ◆ a radical difference 근본적인 차이점
- ◆ We need radical change.
  우리는 급진적인 변화가 필요하다.

1196 □ **fertile**
[fə́:rt(ə)l]
- 형 비옥한(↔ barren 불모의), 다산의
- 명 fertilizer 비료 동 fertilize 비옥하게 하다
- ◆ fertile soil 비옥한 토양

1197 □ **expel**
[ikspél]
- 동 추방하다, 제명하다(from)
- 명 expulsion 추방, 배제
- ◆ He was expelled from the school.
  그는 퇴학 당했다.

1198 □ **pavement**
[péivmənt]
- 명 포장 도로(paved road), 인도(sidewalk)
- 동 pave (도로를)포장하다
- ◆ pave a road with asphalt
  아스팔트로 도로를 포장하다

1199 □ **sob**
[sɑb]
- 동 흐느껴 울다
- ◆ sob oneself to sleep 흐느껴 울다가 잠들어 버리다

1200 □ **pharmacy**
[fɑ́:rməsi]
- 명 약국(drugstore), 조제술

1201 □ **fascinate**
[fǽsinèit]
- 동 매혹하다
- 명 fascination 매혹, 매력
- 형 fascinating 매혹적인
- ◆ I was **fascinated** by the sight.
  그 광경에 황홀해졌다.

1202 □ **organ**
[ɔ́ːrgən]
- 형 (생물의/정치적)기관
- 명 organism 유기체, 생물
- 형 organic 유기적인, 장기의
- ◆ the **organs** of government 행정 기관
- ◆ an **organ** transplant 장기 이식

1203 □ **ancestor**
[ǽnsestər]
- 명 조상, 선조(forefather)(↔descendant 후손)
- ◆ **ancestor** worship 조상 숭배

1204 □ **hardship**
[há:rdʃip]
- 명 고난
- ◆ go through many **hardships** 수많은 고초를 겪다

1205 □ **reap**
[riːp]
- 동 수확하다(harvest)(↔ sow 씨를 뿌리다)
- ◆ **reap** grain 곡물을 수확하다
- ◆ **reap** large profits 큰 이익을 얻다

1206 □ **symmetry**
[símitri]
- 명 대칭, 균형
- 형 symmetrical 대칭적인, 균형이 잡힌

Day 42

1207 □ **stare**
[stɛər]
⑧ 응시하다, 빤히 쳐다보다(at)
◆ **stare at** computer screens 수능기출
컴퓨터 화면을 응시하다

1208 □ **reasonable**
[ríːznəbl]
⑲ 합리적인
⑲ reason 이유, 근거, 이성 ⑧ 추론하다
◆ a **reasonable** choice 합리적인 선택
◆ The price is **reasonable**. 가격이 합당하다.

1209 □ **sympathy**
[símpəθi]
⑲ 동정, 연민, 공감(↔ antipathy 반감)
⑲ sympathetic 동정심이 있는, 공감하는
⑧ sympathize 동정하다, 공감하다
◆ Poetry moves us to **sympathize** with the emotions of the poet. 수능기출
시는 시인의 감정에 공감케 하여 우리를 감동시킨다.

1210 □ **drown**
[draun]
⑧ 물에 빠지다, 익사하다
◆ A **drowning** man will catch at a straw. 속담
물에 빠진 사람은 지푸라기라도 잡는다.

1211 □ **crew**
[kruː]
⑲ 승무원, 선원
◆ a train **crew** 열차 승무원

1212□ **reject**
[ridʒékt]
- 동 거절(거부)하다 (turn down)
- 명 rejection 거절, 폐기(물)
- ◆ He rejected my help. 그는 내 도움을 거절했다.

1213□ **gradually**
[grǽdʒuəli]
- 부 차츰, 서서히
- 형 gradual 점차적인
- ◆ the gradual increase in the cost of living 차츰 늘어나는 생활비

1214□ **horizon**
[həráizn]
- 명 수평선, 지평선
- 형 horizontal 수평선의, 지평선의
- ◆ beyond the horizon 수평선 너머로

1215□ **content**
[kántent]
- 명 (pl)내용, 목차
- 형 [kəntént] 만족하는 명동 만족(시키다)
- ◆ a table of contents 목차
- ◆ verbal content 말의 내용 수능기출
- ◆ He had to be content with third place. 그는 3위에 만족해야 했다.

1216□ **instrument**
[ínstrumənt]
- 명 기구, 악기
- 형 instrumental 악기의, 기구의
- ◆ medical instruments 의료 기구
- ◆ a traditional Korean musical instrument 수능기출
 한국 전통 악기

1217 □ **finance** 　 명 재정　동 융자하다　형 financial 재정의
[fáinæns]
◆ a financial aid to a developing country
개발 도상국에 대한 재정 원조

1218 □ **rumor** 　 명 소문, 유언비어　동 소문을 내다
[rúːmər]
◆ a groundless rumor 근거없는 소문

1219 □ **thorough** 　 형 철저한　부 thoroughly 철저하게
[θə́ːro(u)]
◆ a thorough checkup 철저한 검사

1220 □ **mutual** 　 형 상호의, 공동의
[mjúːtʃuəl]
◆ mutual understanding 상호 이해

1221 □ **genius** 　 명 천재
[dʒíːnjəs]
◆ a mathematical genius 수학 천재

1222 □ **accurate** 　 형 정확한　명 accuracy 정확(성)
[ǽkjurit]
◆ to be accurate 정확히 말하자면
◆ accurate time 정확한 시간　수능기출

1223 □ **tight** 　 형 단단한, 꽉 찬, 꼭 끼는　부 tightly
[tait]
◆ I have a tight schedule. 예정이 꽉 차 있다.
◆ a tight fit 너무 꼭 끼는 옷

229

1224 □ **adequate**
[ǽdikwit]

- 혱 적당한, 충분한(sufficient)
- 명 adequately 적당히, 충분히
- ◆ an **adequate** supply of food 식량의 충분한 공급
- ◆ She isn't **adequate** for the task.
  그녀는 그 일에 적임이 아니다.

1225 □ **mortal**
[mɔ́:rtl]

- 혱 죽을 운명의(↔ immortal 불멸의)
- 명 mortality 죽을 운명
- ◆ a **mortal** wound 치명상
- ◆ the infant **mortality** rate 영아 사망률

1226 □ **envelope**
[énvəlòup]

- 명 봉투 동 [envéləp] 감싸다, 동봉하다
- ◆ a letter **envelope** 편지 봉투
- ◆ Clouds **enveloped** the mountain tops.
  구름이 산 정상을 감싸고 있었다.

1227 □ **exhaust**
[igzɔ́:st]

- 동 다 써버리다, 고갈시키다
- 혱 exhausted 다 써버린, 지친 명 exhaustion 고갈, 소모
- ◆ The stock is nearly **exhausted**.
  재고가 거의 바닥이 났다.
- ◆ feel quite **exhausted** 몹시 지치다

1228 □ **tender**
[téndər]

- 혱 부드러운(↔ tough 억센), 다정한, 연한
- ◆ a **tender** skin 부드러운 피부
- ◆ a **tender** color 연한 색

1229 **repel** [ripél]
- 동 쫓아버리다, 혐오감을 주다
- 형명 repellent 불쾌한, 싫은, 구충제
- ◆ **repel** a temptation 유혹을 뿌리치다

1230 **mood** [muːd]
- 명 기분, 분위기 형 moody 변덕스러운, 침울한
- ◆ a dreamy **mood** 꿈꾸듯 황홀한 기분

1231 **lay** [lei]
- 동 (lay-laid-laid) 놓다, 낳다
- ◆ **lay** a book on a desk 책을 책상 위에 놓다
- ◆ **lay** eggs 알을 낳다

1232 **accustomed** [əkʌ́stəmd]
- 형 익숙한 동 accustom 익숙하게 하다, 습관을 들이다
- ◆ be **accustomed** to ~ing ~에 익숙해지다
- ◆ People are **accustomed** to using blankets to make themselves warm. 수능기출
  사람들은 자신을 따뜻하기 위해 담요를 사용하는 것에 익숙해져 있다.

1233 **heritage** [héritidʒ]
- 명 유산
- 형 heritable 상속할 수 있는
- ◆ cultural **heritage** 문화 유산

1234 **abdominal** [æbdámin(ə)l]
- 형 복부의
- ◆ an **abdominal** operation 개복 수술

Check up (40th–42nd day)

1) 다음 영어는 우리말로, 우리말은 영어로 쓰시오.(1-14)

1. precise
2. peninsula
3. desperate
4. expel
5. fascinate
6. thorough
7. adequate
8. 가뭄
9. 신념
10. 차고
11. 간결한
12. 비옥한
13. 동정
14. 수평선

2) 다음 빈 칸에 알맞은 단어를 쓰시오.(15-24)

15. a _____ energy plant — 원자력 발전소
16. _____ of butterflies — 나비 표본
17. a train _____ — 열차 승무원
18. a table of _____ — 목차
19. a letter _____ — 편지 봉투
20. the _____ of education — 교육의 본질
21. public _____ — 대중 교통수단
22. a _____ wound — 치명상
23. culture _____ — 문화유산
24. the _____ of the heart — 심장의 기능

Speed Test

proud	자랑스러운	excited	흥분한
nevertheless	그럼에도 불구하고	domestic	국내의, 가정의
sorrowful	슬픈	candidate	후보자, 지원자
departure	출발	appointment	약속
funny	우스운	flatter	아첨하다
arrogant	거만한	immediately	곧바로, 즉시

정답 1.정확한 2.반도 3.절망적인 4.추방하다 5.매혹하다 6.철저한 7.적당한 8.drought 9.faith 10.garage 11.concise 12.fertile 13.sympathy 14.horizon 15.nuclear 16.specimen 17.crew 18.contents 19.envelope 20.substance 21.vehicle 22.vital 23.heritage 24.function

Day 43

1235 **modest** [mάdist]
형 겸손한, 수수한 명 modesty 겸손
- a modest little house 수수하고 작은 집
- stay modest 겸손을 유지하다 수능기출

1236 **charming** [tʃɑ́ːrmiŋ]
형 매력적인 명동 charm 매력, 황홀하게 하다
- undeniably charming 수능기출
  더할 나위 없이 매혹적인

1237 **across** [əkrɔ́ːs]
전 가로질러서, 맞은편에
- swim across a river 강을 가로질러 헤엄치다
- live across a lake 호수 건너편에 살고 있다

1238 **panic** [pǽnik]
명 공황 동 공황을 일으키다
- They were in a state of panic.
  그들은 공황 상태에 있었다.
- a financial panic 금융 공황

1239 **adhere** [ədhíər]
동 들러붙다, 고수하다 (to)
형 adherent 점착성의, 고수하는
명 adherence 고수, 점착(adhesion)
형명 adhesive 점착성의, 접착제
- adhere to a plan 계획을 고수하다

233

1240 □ **cease**
[siːs]
- 동 그치다, 중지하다
- ◆ It has **ceased** raining. 비가 그쳤다.
- ◆ **Cease** fire! 사격 중지!

1241 □ **enthusiastic**
[inθùːziǽstik]
- 형 열렬한(ardent), 열광적인
- 명 enthusiasm 열광
- ◆ an **enthusiastic** football fan 열광적인 축구 팬

1242 □ **diplomatic**
[dìpləmǽtik]
- 형 외교(관)의, 외교적인
- 명 diplomacy 외교(술) 명 diplomat 외교관
- ◆ a **diplomatic** break 외교 단절

1243 □ **kingdom**
[kíŋdəm]
- 명 왕국, 영역
- ◆ the animal **kingdom** 동물계
- ◆ the **Kingdom** of Sweden 스웨덴 왕국

1243 □ **solid**
[sálid]
- 형 고체의, 단단한 명 고체(↔ liquid 액체)
- ◆ a man of **solid** frame 체격이 건장한 사람

1245 □ **boast**
[boust]
- 동 자랑하다, 뽐내다 명 자랑
- 형 boastful 자랑하는
- ◆ He **boasts** too much. 그는 자랑이 지나치다.
- ◆ He **boasted** himself an artist.
  그는 예술가라고 자랑했다.

1246 **manner** [mǽnər]
- 명 방법(method), 예절, 태도
- ◆ table **manners** 식사 예절
- ◆ an arrogant **manner** 거만한 태도

1247 **trace** [treis]
- 명 자취, 자국 동 추적하다
- ◆ The war has left its **trace** everywhere. 전쟁은 그 흔적을 도처에 남겼다.

1248 **marine** [mərí:n]
- 형 바다의 명 해병대원
- ◆ **marine** products 해산물

1249 **hobby** [hábi]
- 명 취미
- ◆ His **hobby** is traveling. 그의 취미는 여행이다.

1250 **output** [áutpùt]
- 명 생산(량)
- ◆ the daily **output** of automobiles 자동차의 일일 생산량

1251 **moderate** [mádərit]
- 형 알맞은, 보통인
- 동 [mádərèit] 적당하게 만들다, 완화하다
- 부 moderately 알맞게
- 명 moderation 중용, 알맞음
- ◆ a **moderate** drinker 주량이 적당한 사람
- ◆ **moderate** ability 보통의 능력

1252 □ **resemble** 동 ~을 닮다 명 resemblance 유사(점)
[rizémbl]
◆ She closely **resembles** her sister.
그녀는 언니와 매우 닮았다.

1253 □ **procedure** 명 진행, 수속
[pro(u)sí:dʒər]
◆ legal **procedure** 소송 절차
◆ the entrance **procedure** 입학 수속

1254 □ **vocation** 명 직업 형 vocational 직업의
[vo(u)kéiʃ(ə)n]
◆ **vocational** aptitude test 직업 적성 검사

1255 □ **terminate** 동 종결시키다 형 유한의
[tə́:rminèit]
명형 terminal 종말(의), 종점(의), 터미널
형 termination 종료, 만기
◆ **terminate** a contract 계약을 종결시키다

1256 □ **merchant** 명 상인(dealer)
[mə́:rtʃənt]
명동 merchandise 상품(goods), 거래하다
◆ a wholesale **merchant** 도매상인
◆ general **merchandise** 잡화

1257 □ **theory** 명 이론(↔ practice 실천)
[θí:əri]
형 theoretical 이론적인
◆ **theory** and practice 이론과 실제

1258☐ **community** 명 사회, 공동체
[kəmjúːniti]
- ◆ the local **community** 지역 사회

1259☐ **shoot** 동 ~을 쏘다, 싹트다
[ʃuːt]
- ◆ **shoot** an arrow into the air 공중으로 화살을 쏘다
- ◆ The leaves have begun to **shoot** forth.
  나뭇잎의 새싹이 돋기 시작했다.

1260☐ **digestion** 명 소화(작용)   동 digest 소화하다
[daidʒéstʃən]   형명 digestive 소화의, 소화제
- ◆ the **digestive** system 소화 계통

1261☐ **rank** 명 열, 계급, 지위   동 정렬시키다, 분류하다
[ræŋk]
- ◆ men of all **ranks** and classes 각계 각층의 사람들
- ◆ **rank** students according to their height
  학생들을 키 순으로 줄 세우다

1262☐ **stable** 형 안정된   명 stability 안전(성)
[stéibl]   동 stabilize 안정시키다
- ◆ a **stable** position 안정된 지위

1263☐ **detach** 동 떼어내다, 파견하다(↔ attach 붙이다)
[ditǽtʃ]   형 detached 떨어진
- ◆ a **detached** house 외딴 집

1264 □ **terrific**
[tərífik]
- 형 무서운, 굉장한
- 동 terrify 무섭게 하다
- ◆ at a **terrific** speed 굉장한 속력으로

1265 □ **outrage**
[áutrèidʒ]
- 명동 분노(하게 하다), 분노하게 하는 행위
- 형 outrageous 매우 충격적인, 받아들일 수 없는
- ◆ cause public **outrage** 대중의 분노를 야기하다

1266 □ **debate**
[dibéit]
- 명동 토론(하다), 논쟁(하다)
- ◆ a TV **debate** 텔레비전 토론회

1267 □ **melancholy** 형 우울한 명 우울(증)
[mélənkàli]
- ◆ a **melancholy** mood 우울한 기분

1268 □ **tax**
[tæks]
- 명동 세금(을 부과하다)
- 명 taxation 과세
- ◆ an income **tax** 소득세

1269 □ **startle**
[stá:rtl]
- 동 깜짝 놀라게 하다
- ◆ He was **startled** at the sight.
  그는 그 광경에 깜짝 놀랐다.

1270 **exert** [igzə́:rt]
동 노력하다, 발휘하다 명 exertion 노력(effort)
- ◆ **exert** skill 솜씨를 발휘하다
- ◆ **exert oneself** 노력하다
- ◆ He **exerted himself** to finish the work.
  그는 그 일을 끝내기 위해 노력했다.

1271 **principal** [prínsip(ə)l]
형 주요한(chief) 명 교장, 장(長)
- ◆ the **principal** actress 주연 여배우

1272 **architecture** [á:rkitèktʃər]
명 건축(술), 건축학 명 architect 건축가

1273 **sincerely** [sinsíərli]
부 성실히, 진심으로

1274 **remote** [rimóut]
형 멀리 떨어진, 외딴
- ◆ **remote from** any place of habitation
  인가에서 멀리 떨어진
- ◆ **remote** control 리모콘

1275 **satellite** [sǽt(ə)làit]
명 위성 형 satellitic 위성의
- ◆ launch a **satellite** 인공 위성을 발사하다

1276 **strain** [strein]
명 압박, 긴장 동 잡아당기다, 긴장시키다
- ◆ break down under the **strain** 긴장하여 쓰러지다

1277☐ **arrange** 동 정돈하다, 정하다, 준비하다
[əréindʒ] 명 arrangement 정돈, 배열, 준비
- ◆ arrange books on a bookshelf
  책을 책꽂이에 정리하다
- ◆ arrange an appointment 약속을 정하다

1278☐ **intimate** 형 친밀한
[íntimit]
- ◆ an intimate gathering 친목회

1279☐ **constitute** 동 구성(설립)하다
[kánstitjù:t] 명 constitution 구성, 헌법
- ◆ a written constitution 성문 헌법
- ◆ constitute an acting committee
  임시 위원회를 설치하다

1280☐ **proper** 형 적절한, 알맞은 부 properly
[prápər]
- ◆ take proper measures 적절한 조치를 취하다

1281☐ **investigate** 동 조사하다, 연구하다 명 investigation
[invéstigèit] 명 investigator 조사자, 연구자
- ◆ investigate a murder case 살인 사건을 조사하다 수능기출

1282☐ **hospitality** 명 환대 형 hospitable 환대하는
[hàspitǽliti]
- ◆ a hospitable reception 환대

1283 □ **intelligence** 몡 지성, 지능 혱 intelligent 지적인, 총명한
[intélidʒ(ə)ns] ◆ outstanding **intelligence** 뛰어난 지능

1284 □ **mystery** 몡 신비, 불가사의
[místəri] 혱 mysterious 신비한, 불가사의한
◆ the **mystery** of nature 자연의 신비

1285 □ **bit** 몡 작은 조각 뷔 조금
[bit] ◆ **a bit of** 한조각의, Wait a **bit**. 잠깐 기다려.

1286 □ **dentist** 몡 치과 의사 혱 dental 치과의, 이의
[déntist]

1287 □ **rage** 몡 격노, 분노(fury) 동 격노하다
[reidʒ] ◆ His voice was shaking with **rage**.
그의 목소리는 분노로 떨리고 있었다.

1288 □ **ray** 몡 광선, 한줄기
[rei] ◆ a **ray** of hope 한 가닥의 희망

1289 □ **combat** 몡 전투, 투쟁(strife) 동 싸우다(fight)
[kámbæt] ◆ **combat** for freedom of speech
언론의 자유를 위해 싸우다
◆ a **combat** plane 전투기

1290 **restrict** [ristríkt]
- 동 제한(한정)하다
- 명 restriction 제한, 한정
- 형 restricted 제한된, 한정된
  - ◆ be **restricted** within narrow limits
    좁은 범위에 한하다
  - ◆ The speed is **restricted** to 30 kilometers an hour here.
    여기서 속도는 시속 30 킬로로 제한되어 있다.

1291 **contaminate** [kəntǽmineit]
- 동 오염시키다(pollute)
  - ◆ the atmosphere **contaminated** by radioactivity
    방사능으로 오염된 대기

1292 **intensive** [inténsiv]
- 형 강한, 집중적인
  - ◆ undergo **intensive** training 집중적인 훈련을 받다
  - ◆ an **intensive** investigation 철저한 조사

1293 **profound** [prəfáund]
- 형 깊은(deep), 심오한
  - ◆ What they seek is not so much **profound** knowledge as quick information. 수능기출
    그들이 찾는 것은 심오한 지식이라기보다는 빠른 정보이다.

1294 **ripe** [raip]
- 형 익은(↔raw 날것의)
  - ◆ Soon **ripe**, soon rotten. 속담
    빨리 익으면 빨리 썩는다.

1295 □ **exotic**
[igzátik]
- 혱 이국적인, 외래의 몡 외래품
- ◆ exotic music 이국적인 음악

1296 □ **florist**
[flɔ́(:)rist]
- 몡 꽃 재배자, 꽃집
- ◆ drop at the florist on the way to school 학교 가는 길에 꽃집에 들리다

1297 □ **literature**
[lít(ə)ritʃər]
- 몡 문학 혱 literary 문학의, 문예의
- ◆ literary works 문학 작품
- ◆ English literature 영문학

1298 □ **modify**
[mádifài]
- 동 바꾸다, 수정하다
- ◆ modify the terms of payment 지불 조건을 수정하다
- ◆ genetically modified organism 유전자 변형 생물체

1299 □ **approximately** 부 대략
[əpráksimitli]
- 혱동 approximate 대략의, 근사한, ~에 가까워지다
- 몡 approximation 접근, 어림셈
- ◆ approximate cost 대략의 비용
- ◆ approximate value 근사치
- ◆ His account approximated to the truth. 그의 이야기는 진실에 가깝다

1300 **ahead** [əhéd]
- ㊯ 미리, 앞서서(in advance)
- ◆ be ahead of the times 시대에 앞서다

1301 **glance** [glæns]
- ㊐ 흘끗 보다(at) ㊑ 흘끗 보기
- ◆ glance up at the clock 〔수능기출〕
  시계를 흘끗 올려다 보다

1302 **miracle** [mírəkl]
- ㊑ 기적
- ◆ to a miracle 기적적으로

1303 **sail** [seil]
- ㊑ 돛 ㊐ 항해하다
- ◆ The ship is sailing along. 그 배는 항해중이다.

1304 **magnify** [mǽgnifài]
- ㊐ 확대(과장)하다 ㊑ magnification 확대, 과장
- ◆ magnifying glass 돋보기

1305 **adventure** [ədvéntʃər]
- ㊑ 모험
- ◆ a story of adventure 모험담

1306 **furnish** [fə́ːrniʃ]
- ㊐ 공급하다, 비치하다 ㊓ furnished 가구가 비치된
- ㊑ furniture 가구, 비품
- ◆ furnish a room with an air conditioner
  방에 냉방 장치를 설치하다

1307 □ gamble
[gǽmbl]
명동 도박(하다) 명 gambler 도박꾼

1308 □ alert
[ələ́:rt]
형 빈틈없는, 기민한 명 경계, 공습 경보
- be alert to the changes of traffic signals
  교통 신호의 변화에 주의하다

1309 □ fate
[feit]
명 운명 형 fatal 치명적인(deadly), 운명의
- a tragic fate 비극적 운명

1310 □ leather
[léðər]
명 가죽
- a leather jacket 가죽 재킷

1311 □ tolerate
[tálərèit]
동 참다, 너그럽게 봐주다
형 tolerable 참을 수 있는 형 tolerant 관대한
- I couldn't tolerate his dishonesty.
  나는 그의 부정직함을 참을 수 없었다.
- That school does not tolerate students who are consistently late.
  저 학교는 지속적으로 지각하는 학생을 봐주지 않는다.

1312 □ fuel
[fjú:əl]
명 연료 동 연료를 공급하다
- fuel injection 연료 주입
- fueled by a lifelong love of literature 수능기출
  문학에 대한 평생의 애정에 힘입어

1313☐ **eruption**　� 폭발, 분출　㉣ erupt 폭발하다, 분출하다
[irʌ́pʃən]　㉤ eruptive 폭발하는
◆ the **eruption** of a volcano 화산 폭발

1314☐ **scold**　㉣ 꾸짖다
[skould]　◆ He was **scolded** for being late.
그는 지각해서 야단을 맞았다.

1315☐ **destiny**　㈀ 운명(fate)
[déstini]　㉣ destine ~할 운명이다(be destined to)
◆ wonder if literary fiction **is destined to** become an old-fashioned genre 수능기출
문학 소설이 구식의 장르가 될 운명이 아닌가 생각하다

1316☐ **temperature**　㈀ 온도
[témp(ə)ritʃər]　◆ take one's **temperature** 체온을 재다

1317☐ **farewell**　㈀ 작별 인사
[fɛ̀ərwél]　◆ a **farewell** party 송별회

1318☐ **institute**　㉣ 설립하다(establish)　㈀ 협회
[ínstitjùːt]　㈀ institution 협회, 기관
◆ an educational **institution** 교육 기관
◆ an art **institute** 미술 협회

1319 □ **loan**
[loun]
명동 대출(하다)
◆ school expense **loan** 학자금 대출

1320 □ **castle**
[kǽsl]
명 성(城)
◆ a **castle** in the air 공중누각, 공상

1321 □ **drag**
[dræg]
동 끌다
◆ She **dragged** the heavy trunk.
그녀는 무거운 트렁크를 질질 끌었다.

1322 □ **superficial**
[sùːpərfíʃəl]
형 피상적인, 표면의
◆ a **superficial** wound 외상(外傷)

1323 □ **destination**
[dèstinéiʃən]
명 목적지
◆ arrive at one's **destination** 목적지에 도달하다

1324 □ **greed**
[griːd]
명 탐욕, 욕심
형 greedy 욕심이 많은
◆ **greed** for money 금전욕

1325 □ **arrest**
[ərést]
명동 체포(하다)
◆ He is under house **arrest**. 그는 자택 연금 중이다.
◆ **arrest** a person for murder 살인 혐의로 체포하다

Check up (43rd-45th day)

1) 다음 영어는 우리말로, 우리말은 영어로 쓰시오.(1-14)

1. modest
2. moderate
3. terminate
4. stable
5. melancholy
6. principle
7. investigate
8. 자랑(하다)
9. 취미
10. 직업
11. 이론
12. 소화
13. 신비
14. 모험

2) 다음 빈 칸에 알맞은 단어를 쓰시오.(15-24)

15. a financial _____ 금융 공황
16. an _____ football fan 열광적인 축구팬
17. the daily _____ of automobiles 자동차 일일 생산량
18. general _____ 잡화
19. an income _____ 소득세
20. remote _____ 리모콘
21. an _____ gathering 친목회
22. a _____ party 송별회
23. school expense _____ 학자금 대출
24. the entrance _____ 입학 수속

Speed Test

automatic	자동의	succeed	성공하다, 계승하다
complex	복잡한	transfer	옮기다
obvious	명백한	previous	이전의
resort	휴양지, 리조트	advertise	광고하다
abuse	남용(하다)	excuse	용서하다
consume	소비하다	address	주소, 연설(하다)

정답 1.겸손한 2.알맞은 3.종결시키다 4.안정된 5.우울한 6.주요한 7.조사하다 8.boast 9.hobby 10.vocation 11.theory 12.digestion 13.mystery 14.adventure 15.panic 16.enthusiastic 17.output 18.merchandise 19.tax 20.control 21.intimate 22.farewell 23.loan 24.procedure

Day 46

1326 **solar** [sóulər]
- 형 태양의(↔ lunar 달의)
  - ◆ solar energy 태양 에너지
  - ◆ the solar eclipse 일식

1327 **lease** [liːs]
- 명 임대차 계약 동 임대하다
  - ◆ leased apartment 임대 아파트

1328 **correspond** [kɔ̀ːrispánd]
- 동 일치하다, 상응하다, 편지 왕래를 하다
- 형 correspondent 일치하는, 상응하는
- 명 correspondence 일치, 통신
  - ◆ His words and actions do not correspond.
    그의 말과 행동은 일치하지 않는다.
  - ◆ We rarely meet, though we correspond regularly.
    우리는 규칙적으로 편지를 주고받지만 좀처럼 만나지는 못한다.

1329 **saw** [sɔː]
- 명 톱 동 톱질하다
  - ◆ cut a tree with a saw 톱으로 나무를 자르다

1330 **luxury** [lʌ́kʃəri]
- 명 사치(품)(↔ necessity 필수품)
- 형 luxurious 사치스러운, 호화로운
  - ◆ a luxurious hotel 호화로운 호텔
  - ◆ a luxury liner 호화 여객선

1331 **trim** [trim]
동 다듬다
◆ **trim** one's waistline 허리선을 가꾸다 수능기출

1332 **react** [riǽkt]
동 반응(반작용)하다 형 reactive 반응을 나타내는
명 reaction 반작용, 반응
◆ action and **reaction** 작용과 반작용
◆ They **reacted** violently to the news.
그들은 그 소식에 격렬하게 반응했다.

1333 **log** [lɔːg]
명 통나무, 일지
◆ the small **log** cabin 작은 통나무 집 수능기출
◆ The captain keeps a **log**. 선장은 항해 일지를 쓴다.

1334 **perfume** [pə́ːrfjuːm]
명 향수, 향기 동 향수를 뿌리다
명 perfumery 향수류
◆ **perfume** oneself 몸에 향수를 뿌리다

1335 **induce** [indjúːs]
동 유도하다, 야기하다
◆ **induce** him to give up the plan
그가 그 계획을 포기하도록 유도하다
◆ This medicine **induces** sleep. 이 약은 졸리게 한다.

1336 **gorgeous** [gɔ́ːrdʒəs]
형 화려한, 눈부신(splendid)
◆ a **gorgeous** actress 멋진 여배우

1337 □ **philosophy** 명 철학
[filásəfi]
형 philosophic 철학적인
명 philosopher 철학자
◆ practical **philosophy** 실천 철학

1338 □ **passion** 명 열정 형 passionate 열정적인
[pǽʃən]
◆ Their **passion** assures that these fans remain loyal. 수능기출
그들의 열정은 이들이 진정한 팬으로 남은 것을 확인시켜 준다.

1339 □ **pause** 명 잠시 중단 동 멈추다
[pɔːz]
◆ **pause** for breath 한숨 돌리다
◆ without a single **pause** 조금도 쉬지 않고

1340 □ **defect** 명 결점, 결함(↔ merit 장점)
[difékt]
형 defective 결점이 있는, 불완전한(imperfect)
◆ Every man has the **defects** of his own virtues. 속담
사람에게는 장점과 그에 따른 결점이 있다.
◆ **defective** products 결함이 있는 제품

1341 □ **aptitude** 명 소질, 적성
[ǽptit(j)ùːd]
형 apt 알맞은(suitable), 하기 쉬운
◆ be apt to ~ 하기 쉽다
◆ **aptitude** test 적성 검사 수능기출

1342 **negotiate** 동 협상하다, 교섭하다 명 negotiation 협상, 교섭
[nigóuʃièit]
- ◆ **negotiate** for a new contract 새 계약을 협상하다
- ◆ **Negotiation** are in progress. 교섭은 진행 중이다.

1343 **volcano** 명 화산
[vɑlkéinou]
- ◆ an active **volcano** 활화산

1344 **reach** 동 도착하다(arrive at), ~에 이르다
[riːtʃ]
- ◆ **reach** one's destination 목적지에 닿다
- ◆ within **reach** of one's hand 손이 닿는 곳에

1345 **recall** 동 생각해 내다, 회수하다 명 회상, 회수
[rikɔ́ːl]
- ◆ I can't **recall** his name.
  나는 그의 이름이 생각나지 않는다.
- ◆ Defective cars were all **recalled**.
  결함있는 차들은 모두 회수되었다.

1346 **stream** 명 개울, 흐름 동 흐르다
[striːm]
- ◆ the **stream** of history 역사의 흐름
- ◆ down(up) **stream** 하류(상류)로

1347 **minister** 명 장관, 목사(clergyman)
[mínistər]
명 ministry 장관의 직무, 부(部), 내각
- ◆ the Prime **Minister** 국무총리

1348 **agency**
[éidʒənsi]
- 명 대리점, 정부 기관 명 agent 대리인, 공작원
- ◆ a news **agency** 통신사, a secret **agent** 스파이

1349 **interpret**
[intə́:rprit]
- 동 통역하다(translate), 해석하다
- 명 interpretation 통역, 해석
- 명 interpreter 통역자
- ◆ He **interpreted** difficult parts of the book.
  그는 그 책의 어려운 부분들을 해석했다.
- ◆ simultaneous **interpretation** 동시 통역

1350 **transition**
[trænzíʃ(ə)n]
- 명 변천, 과도기
- 동 transitional 변천하는, 과도기의
- ◆ a period of **transition** 과도기
- ◆ His life was a **transition** from poverty to power.
  그의 인생은 가난으로부터 권력으로의 변천 과정이었다.

1351 **shame**
[ʃeim]
- 명 부끄럼, 수치(↔ honor 명예)
- 동 shameful 부끄러운, 창피스러운
- 동 shameless(부끄러움이 없는)→뻔뻔스러운
- ◆ He turned red with **shame**.
  그는 창피해서 얼굴이 빨개졌다.
- ◆ to my **shame** 부끄러운 이야기지만

1352 **technology**
[teknálədʒi]
- 명 과학 기술 형 technological 과학 기술의
- 명 technologist 과학 기술자

253

Day 47

1353 □ **reply**
[riplái]
- 명 동 대답(하다)
- ◆ Please **reply to** her question.
  그녀의 질문에 대답하세요.

1354 □ **cancer**
[kǽnsər]
- 명 암
- ◆ die of lung **cancer** 폐암으로 죽다

1355 □ **bomb**
[bɑm]
- 명 폭탄 동 폭격하다 동 bombard 포격(폭격)하다
- ◆ an atomic **bomb** 원자 폭탄

1356 □ **apiece**
[əpíːs]
- 부 하나씩, 각자
- ◆ He gave us five dollars **apiece**.
  그는 한 사람에 5달러씩 주었다.

1357 □ **routine**
[ruːtíːn]
- 동 판에 박힌, 일상적인 명 일과
- ◆ She wants to escape from the same **routine**.
  그녀는 똑같은 일상에서 벗어나고 싶어한다.

1358 □ **cultivate**
[kʌ́ltivèit]
- 동 경작하다, 재배하다
- 명 cultivation 경작, 재배
- ◆ **cultivate** oysters 굴을 양식하다

1359 □ **embassy**
[émbəsi]
- 명 대사관, 사절단
- ◆ The British **Embassy** in Seoul 서울 주재 영국 대사관

1360 □ **prudent**
[prú:dənt]
- 형 사려 깊은, 신중한 명 prudence 사려, 신중
- ◆ a **prudent** investment 신중한 투자

1361 □ **congress**
[káŋgris]
- 명 회의, 국회 명 congressman 국회의원
- ◆ a member of **Congress** 국회의원
- ◆ the 84th **Congress** 제 84회 의회

1362 □ **draft**
[dræft]
- 명 설계도, 초안, 징병 동 설계하다, 징병하다
- ◆ avoid the **draft** 징병을 기피하다
- ◆ a **draft** of machine 기계의 설계도

1363 □ **mixture**
[míkstʃər]
- 명 혼합(물) 동 mix 섞다
- ◆ with a **mixture** of joy and anxiety 즐거움과 불안이 뒤섞인 심정으로
- ◆ **mix** flour and salt 밀가루와 소금을 섞다

1364 □ **rebel**
[rébəl]
- 명 반역자 동 [ribél] 반역하다, 반항하다
- 명 rebellion 반역, 반란(revolt)
- ◆ They **rebelled** against the government. 그들은 정부에 대해 반란을 일으켰다.

1365 □ **compensate** 동 보상하다, 보충하다(make up for)
[kάmpənsèit] 명 compensation 보상(보수), 보충
- ◆ compensate a person for loss
  남에게 손해 배상을 하다
- ◆ in compensation for ~의 보상으로써
- ◆ a compensation for damage 손해보상

1366 □ **foretell** 동 예고하다, 예언하다
[fɔːrtél]
- ◆ foretell the future 미래를 예언하다 수능기출
- ◆ Nobody can foretell what will happen tomorrow.
  내일 무엇이 일어날지는 아무도 모른다.

1367 □ **permanent** 형 영구적인(lasting)
[pə́ːrmənənt] 명 permanence(-cy), 영구, 내구(성)
- ◆ one's permanent address 본적
- ◆ a permanent tooth 영구치

1368 □ **scream** 명동 비명(을 지르다)
[skriːm]
- ◆ scream in anger(fright)
  분노(공포)로 날카롭게 소리지르다

1369 □ **tool** 명 도구, 연장
[tuːl]
- ◆ a set of carpenter's tools 한 벌의 목공 연장
- ◆ Money should be regarded as a tool.
  돈은 수단으로 간주되어야 한다.

256

1370 **stroll** [stroul]
- 동 어슬렁거리다, 산책하다(take a walk) 명 산책
- ◆ stroll along the beach 해변을 산책하다

1371 **attribute** [ətríbjuːt]
- 동 ~탓으로 돌리다(to)(ascribe)
- 명 [ǽtribjùːt] 속성(attribution)
- ◆ attribute one's health to moderate exercise
  자신의 건강을 적당한 운동 때문이라고 생각하다

1372 **seize** [siːz]
- 동 붙잡다
- 명 seizure 붙잡기
- ◆ seize a person by the hand 남의 손을 붙잡다
- ◆ seize an opportunity to ask questions
  질문할 기회를 포착하다

1373 **instant** [ínstənt]
- 형 즉각적인, 즉석 요리용의 명 일순간, 잠깐
- 명 instantly 즉시
- ◆ an instant response 즉답
- ◆ in an instant 곧, 당장

1374 **rescue** [réskjuː]
- 동 구조(하다)
- 명 rescuer 구조자
- ◆ rescue a child from drowning
  물에 빠진 아이를 구조하다
- ◆ The crew was rescued from the sinking ship.
  승무원은 가라앉는 배로부터 구조되었다.

1375☐ **professional** 휑 직업의, 전문의(↔ amateur) 명 전문가
[prəféʃən(ə)l] 명 profession 직업, 공언
동 profess 공언하다, 자칭하다
◆ a **professional** baseball player 프로 야구 선수

1376☐ **mist** 명 안개(fog) 동 안개가 끼다, 흐려지다
[mist] 형 misty 안개가 자욱한
◆ Two or three farmhouses were visible through the **mist**. 수능기출
두세 채의 농가가 안개 속으로 보였다.
◆ The **mist** has cleared off. 안개가 걷혔다.

1377☐ **carefree** 형 근심이 없는, 태평한
[kɛ́ərfrìː] ◆ Comparing the remembered **carefree** past with his immediate problems 수능기출
걱정이 없었던 것으로 기억되는 과거와 그의 현재의 문제점들을 비교하면서

1378☐ **halt** 명동 정지(하다)
[hɔːlt] 형 halting 절뚝거리는(limping), 망설이는
◆ Company **halt**! 중대 서! (구령)

1379☐ **wholesale** 형 도매의(↔ retail 소매의)
[hóulsèil] 명 wholesaler 도매 상인(↔ retailer 소매 상인)
◆ **wholesale** prices 도매 가격

Day 48

1380 □ **refine**
[rifáin]
- 동 정제하다 명 refinement 정제
- ◆ refine sugar 설탕을 정제하다

1381 □ **astronaut**
[ǽstrənɔ̀ːt]
- 명 우주 비행사

1382 □ **trap**
[træp]
- 명 덫, 함정(pitfall)
- ◆ be caught in a trap 덫에 걸리다

1383 □ **portable**
[pɔ́ːrtəbl]
- 형 가지고 다닐 수 있는
- ◆ a portable telephone 휴대 전화

1384 □ **glory**
[glɔ́ːri]
- 명 영광, 영예(honor)
- 형 glorious 영광스러운, 눈부시게 아름다운
- ◆ for the glory of ~의 영예를 위하여
- ◆ a glorious victory 영광스러운 승리

1385 □ **endanger**
[indéindʒər]
- 동 위태롭게 하다
- 형 endangered 위기에 처한
- ◆ That one mistake seriously endangered the future of the company.
  그 한 번의 실수가 회사의 미래를 매우 위태롭게 만들었다.

1386 **stem**
[stem]
명 줄기 동 유래하다
◆ stem cell 줄기 세포, stem from ~에서 유래하다

1387 **offspring**
[ɔ́:fspriŋ]
명 자손(descendant), 결과
◆ the offspring of modern science
현대 과학의 소산

1388 **soak**
[souk]
동 담그다, 젖다 형 soaking 흠뻑 젖은
◆ soak oneself in ~에 몰두하다
◆ The ground was soaked after the rain.
비가 온 후에 땅이 흠뻑 젖었다.

1389 **skip**
[skip]
동 건너뛰다
◆ skip over the ditch 개울을 건너뛰다

1390 **portray**
[pɔ:rtréi]
동 그리다, 묘사하다
명 portrait 초상화
◆ portray the essential from of objects 수능기출
물체들의 본질적인 형태를 그리다

1391 **assure**
[əʃúər]
동 확신시키다, 보증하다
명 assurance 확신, 보증 형 assured 확신하는
◆ This watch is assured for one year.
이 시계는 1년 동안 보증된다.

1392 **witty** [wíti] — ㆍ 재치있는 ㆍ wit 재치
- innate wit 타고난 재치

1393 **please** [pli:z] — ㆍ 기쁘게 하다, 만족시키다(satisfy)
- pleased 기쁜, 만족스러운

1394 **drastic** [drǽstik] — ㆍ 철저한, 강렬한
- Drastic measures should be taken before it's too late. 너무 늦기 전에 철저한 조치가 취해져야 한다. 수능기출

1395 **principle** [prínsipl] — ㆍ 원리, 원칙
- in principle 원칙적으로
- Pascal's principle 파스칼의 원리

1396 **beach** [bi:tʃ] — ㆍ 해변

1397 **rear** [riər] — ㆍ 뒤(이), 후방(이) ㆍ 세우다, 기르다
- at the rear of the house 그 집 뒤쪽에
- rear crops 농작물을 재배하다

1398 **scratch** [skrætʃ] — ㆍ 할퀴다, 긁다
- The cat scratched my face savagely. 고양이는 나의 얼굴을 사정없이 할퀴었다.

1399 **gravity**
[grǽviti]
명 중력, 중대성

1400 **tuition**
[t(j)uːíʃən]
명 지도(instruction), 수업료
◆have private **tuition** 개인 교수를 받다

1401 **vend**
[vend]
동 판매하다
◆**vending** machine 자동 판매기

1402 **electricity**
[ilèktrísiti]
명 전기
형 electric 전기의
◆**electric** appliances 전기 기구

1403 **atomic**
[ətámik]
형 원자의 명 atom 원자
◆an **atomic** bómb 원자 폭탄

1404 **tough**
[tʌf]
형 강인한, 질긴, (일 따위가)고된
◆a beefsteak as **tough** as leather
가죽처럼 질긴 비프스테이크

1405 **incentive**
[inséntiv]
명 동기(motive), 자극 형 자극적인, 장려하는
◆Pride is a powerful **incentive**.
긍지는 강력한 자극이 된다.

1406 **border** [bɔ́:rdər]
명 경계(선), 국경 동 인접하다
◆going secretly over the **border** 수능기출
몰래 경계선을 넘어가는

1407 **scared** [skɛərd]
형 겁먹은 형 scary 무서운
동 scare 겁나게 하다, 깜짝 놀라게 하다
◆The child was **scared** by the thunder.
그 아이는 천둥에 겁먹었다.

1408 **strive** [straiv]
동 (strive-strove-striven)노력하다, 분투하다
명 strife 투쟁
◆He always **strives** to be ahead of others in his class.
그는 학급안의 누구에게도 지지 않으려고 항상 열심히 노력한다.

1409 **adore** [ədɔ́:r]
동 숭배하다, 매우 좋아하다 명 adoration 숭배, 동경
◆It's obvious that she **adores** him.
그녀가 그를 많이 좋아하는 것이 분명하다.

1410 **phenomenon** [finɑ̀minɑ̀n]
명 현상
◆a natural **phenomenon** 자연 현상

1411 **zeal** [zi:l]
명 열의, 열심 형 zealous 열심인
◆with **zeal** 열의를 가지고

263

Check up (46th-48th day)

1) 다음 영어는 우리말로, 우리말은 영어로 쓰시오.(1-14)

1. induce
2. passion
3. interpret
4. cultivate
5. attribute
6. glory
7. adore
8. 사치
9. 향수
10. 장관
11. 함정
12. 줄기
13. 원리
14. 전기

2) 다음 빈 칸에 알맞은 단어를 쓰시오.(15-24)

15. _____ apartment — 임대 아파트
16. a period of _____ — 과도기
17. a member of _____ — 국회의원
18. _____ test — 적성 검사
19. a _____ telephone — 휴대 전화
20. a _____ tooth — 영구치
21. a natural _____ — 자연 현상
22. a _____ baseball player — 프로야구 선수
23. _____ prices — 도매 가격
24. die of lung _____ — 폐암으로 죽다

Speed Test

invite	초대하다	discover	발견하다
boring	지루한	astonish	깜짝 놀라게 하다
foggy	안개 낀	outlook	전망(view)
deposit	예금하다	inferior	열등한
sociable	사교적인	refer	언급하다
instinct	본능	healthy	건강한

정답 1.유도하다 2.열정 3.통역하다 4.경작하다 5.~탓으로 돌리다 6.영광 7.숭배하다 8.luxury 9.perfume 10.minister 11.trap 12.stem 13.principle 14.electricity 15.leased 16.transition 17.congress 18.aptitude 19 portable 20.permanent 21.phenomenon 22.professional 23.wholesale 24.cancer

Day 49

1412 □ **site** 　　　명 장소, 위치, 유적　동 ~의 위치를 정하다(locate)
[sait]
◆ historic sites 사적(史蹟)
◆ a building site 건축 부지

1413 □ **strict** 　　　형 엄격한, 정확한　부 strictly 엄격히
[strikt]
◆ strict discipline 엄격한 훈련
◆ strict punctuality 시간 엄수

1414 □ **conference** 　명 회의(a large official meeting)
[kɔ́nfərəns/kán-] ◆ a general conference 총회

1415 □ **fade** 　　　동 시들다(wither), 희미해지다
[feid]
◆ The flowers have faded. 꽃은 시들어 버렸다.
◆ The outline has faded. 윤곽이 희미해졌다.

1416 □ **journalist** 　명 기자
[dʒə́ːrnəlist]
◆ He is the journalist of the magazine.
그는 잡지사의 기자이다.

1417 □ **revenge** 　명동 복수(하다), 보복(하다)
[rivéndʒ]
◆ swear revenge 복수를 맹세하다

265

1418 **refer**
[rifə́:r]
- 동 언급하다, 참조하다(to)
- 명 reference 언급, 참조
- ◆Don't **refer to** the matter again.
  그 일을 두 번 다시 입에 올리지 마라.
- ◆**refer to** a dictionary 사전을 참조하다

1419 **elevate**
[élivèit]
- 동 ~을 올리다, 승진시키다
- 명 elevator 엘리베이터 형 elevated 높은
- ◆an **elevated** position 높은 지위

1420 **fundamental**
[fʌ̀ndəméntl]
- 형 기본적인, 근본적인, 중요한
- ◆That is a **fundamental** change in politics.
  그것은 정치상의 근본적인 변화이다.
- ◆the **fundamental** similarity 기본적인 유사점

1421 **remarkable**
[rimá:rkəbl]
- 형 주목할 만한, 현저한
- 동 remark 주의(주목)하다, 말하다
- ◆a **remarkable** growth 현저한 성장

1422 **riddle**
[rídl]
- 명동 수수께끼(를 풀다)
- ◆solve a **riddle** 수수께끼를 풀다

1423 **throw**
[θrou]
- 동 던지다(cast)
- ◆**Throw** me a rope. 밧줄을 던져 주게.

1424 **explore** [iksplɔ́:r]
- 동 탐험하다, 탐사하다
- 명 exploration 탐험
- 명 explorer 탐험가
- ◆an Arctic **exploring** party 북극 탐험대
- ◆**explore** the universe 우주를 탐험하다 수능기출

1425 **suppress** [səprés]
- 동 억압하다, 진압하다
- 명 suppression 억압 형 suppressive 억압하는
- ◆**suppress** one's laughter 웃음을 참다
- ◆**suppress** a rebellion 폭동을 진압하다

1426 **enforce** [infɔ́:rs]
- 동 강요하다(impose), 시행하다
- 명 enforcement 시행
- ◆**enforce** a law 법률을 시행하다

1427 **lapse** [læps]
- 명 과실, (시간의)경과
- 동 실수하다, 타락하다
- ◆after the **lapse** of time 시간이 지나고 나서
- ◆**lapse** into a bad habit 나쁜 습관에 빠지다

1428 **beam** [bi:m]
- 명 광선, 들보 동 (빛을)발하다, 비추다
- ◆X-ray **beam** X-레이 광선
- ◆Greek architecture made much use of columns and **beams**.
그리스 건축에는 기둥과 들보가 많이 사용되었다.

1429 □ **awkward**
[ɔ́:kwərd]

- 형 보기 흉한, 서투른
- 부 awkwardly 서투르게, 난처한 듯이
- ◆ an awkward situation 난처한 입장

1430 □ **pierce**
[piərs]

- 동 꿰뚫다, 간파하다
- 형 piercing 꿰뚫는, 날카로운
- ◆ piercing eyes 날카로운 눈
- ◆ A long tunnel pierces the mountains.
  긴 터널이 산맥을 관통하고 있다.

1431 □ **erase**
[iréiz]

- 동 지우다 명 eraser 지우개
- ◆ His name was erased from the document.
  그의 이름은 서류에서 삭제되었다.

1432 □ **flu**
[flu:]

- 명 유행성 감기(influenza)

1433 □ **postpone**
[poustpóun]

- 동 연기하다(put off)
- ◆ The regular general meeting was postponed till next month.
  정기 총회는 다음 달로 연기되었다.

1434 □ **cave**
[keiv]

- 명 동굴 동 굴을 파다
- ◆ In old time, people lived in caves.
  옛날에 사람들은 동굴 속에서 살았다.

1435 **conventional** ⑧ 전통적인, 인습적인
[kənvénʃən(ə)l] ⑲ convention 회의, 인습
◆ conventional morality 인습적 도덕

1436 **plumber** ⑲ 배관공
[plʌ́mər]

1437 **income** ⑲ 수입(↔ expense 지출)
[ínkʌm] ⑧ incoming 들어오는, 후임의
◆ a fixed income 고정 수입

1438 **devil** ⑲ 악마(demon)
[dévl]

1439 **cherish** ⑧ 소중히 여기다, 마음에 품다
[tʃériʃ] ◆ That's why my family members cherish me.
그러한 이유로 내 가족들은 나를 소중히 여긴다. 수능기출

1440 **pedestrian** ⑲ 보행자
[pədéstriən] ◆ One day a truck hit a pedestrian on the street.
어느 날 트럭이 길을 가던 보행자를 치었다. 수능기출

1441 **fluid** ⑲ 액체(liquid) ⑧ 유동적인
[flú(:)id] ◆ fluid fuel 액체 연료

Day 50

1442 **geometry** 명 기하학 형 geometric(-al) 기하학의
[dʒi:ámitri]

1443 **affirmative** 형 긍정적인(↔ negative 부정적인)
[əfə́:rmətiv] ◆ an **affirmative** answer 긍정적인 대답

1444 **wreck** 명 난파, 파손, 잔해(물) 동 망치다, 난파시키다
[rek] ◆ a **wrecked** ship 난파선

1445 **impose** 동 부과하다, 강요하다
[impóuz] 명 imposition 부과, 세금(tax)
◆ **impose** our values on others 수능기출
다른 이들에게 우리의 가치를 강요하다
◆ **impose** a heavy tax 무거운 세금을 물리다

1446 **language** 명 언어
[lǽŋgwidʒ] ◆ a foreign **language** 외국어

1447 **mess** 명 난잡, 더러운 것 동 엉망으로 만들다, 더럽히다
[mes] 형 messy 어질러진
◆ **mess** up a room 방을 어수선하게 어지르다

1448 **scatter**
[skǽtər]
- 동 뿌리다 (↔ gather 모으다)
- 형 scattered 뿔뿔이 흩어진
- ◆ The fallen leaves lie **scattered** on the ground.
  낙엽이 땅에 흩어져 있다.

1449 **ambiguous**
[æmbígjuəs]
- 형 애매한(obscure)
- 명 ambiguity 애매(함)
- ◆ an **ambiguous** answer 애매한 답변

1450 **shortage**
[ʃɔ́ːrtidʒ]
- 명 부족, 결핍
- ◆ a **shortage** of money 금전 부족

1451 **infect**
[infékt]
- 동 감염시키다
- 명 infection 감염
- 형 infectious 전염성의
- ◆ He is **infected** with diphteria.
  그는 디프테리아에 걸렸다.

1452 **tribe**
[traib]
- 명 부족, 종족
- ◆ Several Indian **tribes** live around here.
  이 부근에 인디언의 몇몇 부족이 살고 있다.

1453 **pupil**
[pjúːpil]
- 명 학생, 제자
- ◆ an elementary school **pupil** 초등학교 학생

1454☐ **commerce**
[kámə(:)rs]
- 명 상업, 무역(trade)
- 형명 commercial 상업의, 광고 방송
  - ◆commercial law 상법
  - ◆TV commercials TV 광고

1455☐ **logical**
[ládʒikəl]
- 형 논리적인(↔ illogical 비논리적인)
- 명 logic 논리학
  - ◆a logical argument 논리적인 논의

1456☐ **astonish**
[əstániʃ]
- 동 놀라게 하다(surprise)
- 명 astonishment 경악(amazement)
- 형 astonishing 놀라운, 눈부신
  - ◆I was astonished at the news.
    나는 그 소식에 깜짝 놀랐다.

1457☐ **pity**
[píti]
- 동 동정하다, 불쌍히 여기다 명 동정, 연민
- 형 pitiful 가엾은
  - ◆It is a pity that~ ~은 유감스러운 일이다
  - ◆What a pity! 불쌍해라!

1458☐ **puzzle**
[pʌzl]
- 동 당황하게 하다(perplex)
- 명 퍼즐(riddle)
- 형 puzzling 곤혹케 하는
  - ◆I was puzzled by his sudden change of attitude.
    그의 태도가 돌변해서 나는 당혹했다.

1459□ **patent**
[pǽt(ə)nt]
명형 특허(의) 동 특허를 얻다
◆ get a patent for ~의 특허를 얻다
◆ patent pending 특허 출원중

1460□ **nourish**
[nə́:riʃ]
동 기르다, 영양분을 주다
명 nourishment 영양분
형 nourishing 영양분이 많은
◆ a delicious and nourishing pudding 수능기출
맛있고 영양가 있는 푸딩
◆ imperfect nourishment 영양 부족

1461□ **prison**
[prízn]
명 교도소(jail)
형 prisoner 죄수
◆ be in prison 수감 중이다
◆ break prison 탈옥하다

1462□ **reckless**
[réklis]
형 무모한
◆ a reckless attempt 무모한 시도

1463□ **coward**
[káuərd]
명 겁쟁이 형 겁 많은(cowardly)
명 cowardice 비겁

1464□ **biography**
[baiágrəfi]
명 전기 형 biographic(-al) 전기의
명 autobiography 자서전

1465 □ **migrate**
[máigreit]
- 동 이주하다 명 migration 이주
- 형명 migrant 이주하는(migratory), 이주자, 철새
- ◆ **migrant** birds 철새
- ◆ **migrate** from Korea to South America
  한국에서 남미로 이주하다

1466 □ **blame**
[bleim]
- 동 비난하다, ~에게 책임지우다 명 비난, 책임
- ◆ They **blame** police for not taking proper measures.
  그들은 적절한 조치를 취하지 않고 있는 경찰을 비난하고 있다.
- ◆ He **blamed** me for the accident.
  그는 사고의 책임이 내게 있다고 비난했다.

1467 □ **prolong**
[pro(u)lɔ́:ŋ]
- 동 연장하다 명 prolongment 연장, 연기
- ◆ **prolong** a railroad 철도를 연장하다

1468 □ **boil**
[bɔil]
- 동 끓(이)다
- ◆ **boiling** point 끓는 점
- ◆ A watched pot never **boils**. 속담
  주전자도 지켜보면 끓지 않는다.

1469 □ **volume**
[vάlju(:)m]
- 명 책, 권(卷), 부피, 양(quantity)
- ◆ This book is in six **volumes**.
  이 책은 여섯 권으로 되어 있다.

1470 □ **pulse**
[pʌls]
- 몡 맥박 동 맥박이 뛰다
- ◆ the pulse rate (1분간) 맥 박수
- ◆ The pulse beats. 맥박이 뛰고 있다.

1471 □ **obey**
[o(u)béi]
- 동 복종하다, 따르다
- 명 obedience 복종 형 obedient 순종(순응)하는
- ◆ infinite patience and obedience 수능기출
  무한한 인내심과 복종

1472 □ **feminine**
[féminin]
- 형 여성의, 여자다운(womanly) (↔ masculine 남성의)
- 명 female 여성, 암컷
- ◆ feminine beauty 여성미

1473 □ **bravery**
[bréiv(ə)ri]
- 명 용기(courage) (↔ timidity 비겁)
- 형 brave 용감한
- ◆ a brave soldier 용사

1474 □ **violate**
[váiəlèit]
- 동 위반하다, 침해하다 명 violation 위반
- ◆ violate another's privacy
  남의 프라이버시를 침해하다
- ◆ He violated the traffic regulations.
  그는 교통 규칙을 위반했다.

1475 □ **disguise** 몡동 변장(시키다), 가장(하다)
[disgáiz]
◆ disguise oneself as a beggar
거지로 변장하다

1476 □ **folk** 몡 (pl)사람들 형 서민의, 민속의
[fouk]
◆ folk ballads 민요

1477 □ **path** 몡 오솔길, 통로
[pæθ]
◆ a path through the woods 숲 속의 오솔길

1478 □ **dimension** 몡 치수, 차원, (pl)크기
[diménʃən]
형 dimensional 치수의, 차원의
◆ the four-dimensional space 4차원의 공간

1479 □ **epidemic** 형 유행성의, 널리 퍼진 몡 유행병
[èpidémik]
◆ an epidemic disease 유행병

1480 □ **reputation** 몡 평판, 명성(fame)
[rèpjutéiʃən]
◆ a man of good reputation 평판이 좋은 사람

1481 □ **district** 몡 구역, 지역
[dístrikt]
◆ a school district 학군
◆ an election district 선거구

1482 □ **decay**
[dikéi]
- 동 썩다(rot) 명 부패, 쇠퇴
- ◆ a decayed tooth 충치

1483 □ **nearly**
[níərli]
- 부 거의(almost), 가까이에
- ◆ nearly everyday 거의 매일
- ◆ They are nearly related. 그들은 가까운 친척이다.

1484 □ **penetrate**
[pénitrèit]
- 동 꿰뚫다(pierce), 침투하다
- 명 penetration 관통, 통찰(력)
- ◆ The bullet could not penetrate the wall.
  총알은 벽을 관통하지 못했다.
- ◆ The idea penetrated slowly in this country.
  그 사상은 서서히 이 나라에 침투했다.

1485 □ **send**
[send]
- 동 보내다
- ◆ send a letter by air
  편지를 항공편으로 보내다

1486 □ **fortunetelling**
[fɔ́ːrtʃ(ə)ntèliŋ]
- 명 점
- ◆ consult a fortunetelling 점을 보다

1487 □ **mole**
[moul]
- 명 사마귀, 검은 점
- ◆ Moles are also believed to foretell the future.
  점들은 또한 미래를 예언해 준다고 믿어진다. 수능기출

1488 **merchandise** 명 상품 동 매매하다
[mə́:rtʃ(ə)ndàiz] ◆ general merchandise 잡화

1489 **asset** 명 자산, 이점
[ǽset]
◆ assets and liabilities 자산과 부채
◆ The most important asset in business is a sense of humor. 수능기출
사업에서 가장 중요한 것은 유머 감각이다.

1490 **weapon** 명 무기
[wépən]
◆ nuclear weapon 핵무기

1491 **purchase** 동 구입하다 명 구매(buying)
[pə́:rtʃəs]
◆ bought roses from a wholesaler who purchased them from a farmer 수능기출
재배자로부터 장미를 구입한 도매상에서 장미를 샀다

1492 **crude** 형 천연 그대로의, 조잡한(rough)
[kru:d]
◆ crude oil 원유
◆ crude rubber 생고무

1493 **solitary** 형 고독한, 외딴(remote)
[sɑ́litèri]
◆ a solitary life 고독한 생활
◆ a solitary valley 호젓한 골짜기

1494☐ **extraordinary** ⑱ 비범한, 특별한

[ikstrɔ́:rd(i)nèri] ⑮ extraordinarily 대단하게, 엄청나게
- ◆have extraordinary talent 비범한 재능이 있다
- ◆an extraordinary event 특이한 사건

1495☐ **cube** ⑲ 정육면체

[kju:b] ⑱ cubic 입방체의
- ◆cube sugar 각설탕
- ◆a cubic equation 3차 방정식

1496☐ **congratulate** ⑧ 축하하다

[kəngrǽtʃulèit] ⑲ congratulation 축하, (pl)축사
- ◆I congratulate you on your engagement.
  약혼을 축하드립니다.

1497☐ **term** ⑲ 용어, 기간, 학기, 조건

[tə:rm]
- ◆law terms 법률 용어
- ◆a term of validity 유효 기간
- ◆terms of payment 지불 조건
- ◆in terms of ~의 점에서, ~의 말로

1498☐ **nurture** ⑲⑧ 양육(하다), 교육(하다)

[nə́:rtʃər]
- ◆nature and nurture 선천성과 후천성
- ◆We are directed, nurtured and sustained by others.
  우리는 타인에 의해 지도받고 양육되며 부양된다. 수능기출

Check up (49th–51st day)

1) 다음 영어는 우리말로, 우리말은 영어로 쓰시오. (1-14)

1. remarkable
2. pierce
3. ambiguous
4. nourish
5. penetrate
6. purchase
7. congratulate
8. 기자
9. 탐험하다
10. 수입
11. 겁쟁이
12. 전기
13. 평판
14. 상품

2) 다음 빈 칸에 알맞은 단어를 쓰시오. (15-24)

15. a general _____ 총회
16. a _____ ship 난파선
17. an elementary school _____ 초등학교 학생
18. _____ birds 철새
19. a school _____ 학군
20. a _____ tooth 충치
21. _____ and liabilities 자산과 부채
22. a _____ of validity 유효 기간
23. _____ rubber 생고무
24. _____ punctuality 시간 엄수

Speed Test

forbear	참다(endure)	elapse	경과하다
enormous	거대한(huge)	miserly	인색한
console	위로하다(comfort)	slender	날씬한
sensational	선풍적인	gentle	온화한
personal	개인의(individual)	credibl	믿을만한
notify	알리다	legal	합법적인

정답 1.주목할 만한 2.꿰뚫다 3.애매한 4.기르다 5.꿰뚫다 6.구입하다 7.축하하다 8.journalist 9.explore 10.income 11.coward 12.biography 13.reputation 14.merchandise 15.conference 16.wrecked 17.pupil 18.migrant 19.district 20.decayed 21.assets 22.term 23.crude 24.strict

Day 52

1499 **earnest** [ə́:rnist]
형 진지한, 열심인
◆ an earnest worker 열심히 일하는 사람

1500 **external** [ikstə́:rn(ə)l]
형 외부의(↔ internal 내부의)
◆ an external debt 외채
◆ external commerce 외국 무역

1501 **due** [dju:]
형 ~할 예정인, 만기가 된
◆ due to + 명사 ~ 때문에 (because of)
◆ be due to V ~할 예정이다
◆ The delay was due to the bad weather.
  늦은 것은 날씨가 나빴기 때문이다.
◆ He is due to speak here.
  그는 이곳에서 강연할 예정이다.

1502 **sequence** [sí:kwəns]
명 연속(succession), 순서
◆ The sequence of events led up to the war.
  일련의 사건들이 전쟁을 야기했다.
◆ in regular sequence 순서대로

1503 **baggage** [bǽgidʒ]
명 짐, 수하물(luggage)
◆ a baggage office 수하물 취급소

1504 **note** [nout]
- 몡 메모, 주의, 명성, 음조 동 적어두다, 주의하다
- 형 noted 유명한(famous)
- ◆take notes 필기하다
- ◆a man of note 저명 인사
- ◆When I hit the highest note, a large wine glass suddenly broke. 수능기출
  내가 가장 높은 음을 내자 갑자기 큰 와인 잔이 깨졌다.
- ◆Please note our change of address.
  바뀐 주소에 유의하세요.

1505 **reunion** [riːjúːnjən]
- 몡 재회, 친목회
- ◆the primary school reunion 초등학교 동창회

1506 **wire** [waiər]
- 몡 철사, 전선
- 형 wireless 무선의
- ◆telephone wire 전화선

1507 **subtle** [sʌ́tl]
- 형 미묘한
- ◆enhance subtle information about light versus dark differences 수능기출
  명암의 차이에 대한 미묘한 정보를 부각시키다

1508 **flatter** [flǽtər]
- 동 아첨하다
- 몡 flattery 아첨
- ◆a flattering picture 실물보다 잘 나온 사진

1509 **republic** [ripʌ́blik]
명 공화국
◆ the Republic of Korea 대한민국

1510 **deposit** [dipázit]
동 맡기다, 퇴적시키다 명 예금, 퇴적물
◆ She has a large **deposit** in the bank.
그녀는 은행에 많은 예금이 있다.
◆ draw one's bank **deposit** 은행 예금을 인출하다

1511 **brisk** [brisk]
형 활발한(active), 상쾌한
부 briskly 활발하게
◆ The Korean economy advanced **briskly**.
한국 경제는 활발하게 신장했다.
◆ **brisk** weather 상쾌한 기후

1512 **sparkle** [spá:rkl]
동 반짝이다 명 광채, 불꽃
형 sparkling 반짝이는
◆ Wet grass **sparkles** in the sun.
젖은 풀이 햇빛에 반짝반짝 빛난다.
◆ a **sparkling** morning 빛나는 아침

1513 **burst** [bə:rst]
명 돌발, 폭발
동 폭발하다(explode), 갑자기 ~ 하다(into/out)
◆ **burst into** laughter 갑자기 웃음을 터뜨리다
◆ **bursts** of noise 갑작스런 소음 수능기출
◆ at a **burst** 단숨에

1514☐ **accomplish** 동 성취하다(achieve), 완수하다(complete)
[əkámpliʃ] 명 accomplishment 성취, 성과
◆ accomplish one's purpose 목적을 달성하다
◆ accomplish a task 일을 완수하다

1515☐ **deceive** 동 속이다(cheat) 명 deception 기만
[disí:v] 형 deceptive 남을 속이는
◆ He was deceived into buying such a thing.
그는 속아서 저런 물건을 샀다.

1516☐ **thrill** 명 스릴, 전율 동 감동(흥분)시키다
[θril] ◆ a thrill of joy 짜릿한 기쁨

1517☐ **resolute** 형 결심이 굳은, 단호한(↔irresolute 우유부단한)
[rézəlù:t] ◆ a resolute manner 단호한 태도
◆ He is resolute to fight. 그는 싸울 결심을 하고 있다.

1518☐ **pastime** 명 기분 전환, 오락(recreation)
[pǽstàim] ◆ as a pastime 오락으로

1519☐ **dignity** 명 위엄, 존엄성
[dígniti] 명 dignitary 고위 인사
동 dignify 위엄을 갖추다
◆ the dignity of human life 인간 생명의 존엄성

1520 **glare** [glɛər]
동 노려보다(at) 명 번쩍이는 빛
◆ glare at its prey 먹이를 노려보다

1521 **thrift** [θrift]
명 절약 형 thrifty 검소한, 알뜰한
◆ a thrifty housewife 알뜰한 주부

1522 **recruit** [rikrúːt]
명 신병, 신입생 동 모집(보충)하다
명 recruitment 징병, 회원 모집
◆ recruit the position of clerk 사무직을 모집하다

1523 **dig** [dig]
동 파다, 캐내다
◆ dig a well 우물을 파다
◆ dig potatoes 감자를 캐다

1524 **transmit** [trænsmít]
동 보내다(send), 전달하다
명 transmission 전달
◆ transmit a package by rail
소포를 철도로 보내다

1525 **grateful** [gréitfəl]
형 감사하는(thankful)
◆ a grateful letter 감사의 편지
◆ The person receiving it will be touched and grateful. 수능기출
그것을 받는 사람은 감동하며 고마워할 것이다.

1526☐ **warehouse** 명 창고
[wέərhàus]
◆ bonded **warehouse** 보세 창고

1527☐ **annual** 형 해 마다의, 1년의
[ǽnju(ə)l]
◆ an **annual** salary 연봉
◆ an **annual** celebration 연례 기념제

1528☐ **vigorous** 형 활기찬, 원기 왕성한
[víg(ə)rəs] 명 vigor 활력, 정력
◆ **vigorous** in body and in mind 심신이 강건한
◆ a **vigorous** youngster 발랄한 젊은이

1529☐ **absurd** 형 불합리한, 터무니없는
[əbsə́:rd]
◆ point out what is humorous or **absurd** about a situation 수능기출
어떤 상황에 대해 무엇이 우습거나 불합리한지 지적하다

1530☐ **exclaim** 동 외치다, 소리치다(cry out)
[ikskléim] 명 exclamation 감탄사
◆ an **exclamation** mark 느낌표
◆ He **exclaimed** that he would rather die.
차라리 죽어 버리겠다고 그는 소리쳤다.

1531 □ **supervise**　　동 감독하다, 지휘하다
[súːpərvàiz]　　명 supervision 감독
　　　　　　　　명 supervisor 감독관
　　　　　　　　◆ the **supervision** of an examination 시험 감독

1532 □ **dawn**　　명 새벽(daybreak), 시작
[dɔːn]　　동 (날이)새다, (싹트기)시작하다
　　　　　　　　◆ He knew that it was near the hour of **dawn**.
　　　　　　　　　그는 동 틀 시간이 되었다는 것을 알았다. 수능기출
　　　　　　　　◆ Since the **dawn** of history 유사 이래

1533 □ **sphere**　　명 구(球)
[sfiər]　　형 spherical 천체의, 구의
　　　　　　　　◆ a heavenly **sphere** 천체

1534 □ **amazing**　　형 놀라운(wonderful)
[əméiziŋ]　　동 amaze 놀라게 하다(surprise)

1535 □ **prompt**　　형 신속한(quick), 즉석의
[prɑmpt]　　부 promptly 신속히, 즉시
　　　　　　　　◆ a **prompt** answer 즉답

1536 □ **signal**　　명·형 신호(등)의, 암호(의)
[sígnəl]　　◆ a danger **signal** 위험 신호

1537☐ **reception**
[risépʃən]
- 명 수취, 환영(회)
- 명 receiver 수취인, 수화기
- 동 receive 받다, 받아들이다(admit)
- 명 receipt [risíːt] 영수(증)
  - ◆ receive many wedding gifts
    많은 결혼 선물을 받다
  - ◆ A reception was held for the new ambassador.
    신임 대사를 위한 환영회가 개최되었다.
  - ◆ a box for receipts 영수증 보관함

1538☐ **flesh**
[fleʃ]
- 명 살, 육체(body)
- 형 fleshy 살 찐
  - ◆ The thorn went deep into the flesh.
    가시가 살 속 깊이 박혔다.
  - ◆ a fleshy calf 살찐 송아지

1539☐ **omit**
[oumít]
- 동 생략하다, 빼다
- 명 omission 생략
  - ◆ omit this part of the book
    책의 이 부분을 생략하다

1540☐ **chant**
[tʃænt]
- 명 노래 동 ~을 노래하다
  - ◆ Chanting a request may be more effective than simply saying the request. 수능기출
    요구를 노래로 하는 것은 그냥 말로 하는 것보다 더 효과적일 수 있다.

1541☐ **likewise** ㉘ 마찬가지로(similarly), 또한(also)
[láikwàiz]

1542☐ **aggressive** ㉗ 공격적인, 침략적인
[əgrésiv]　　㉙ aggression 공격, 침략
◆ an **aggressive** foreign policy
　침략적인 외교 정책
◆ a dangerous **aggressive** dog
　위험하고 공격적인 개

1543☐ **fiction** ㉙ 소설(novel), 허구
[fíkʃən]　　㉗ fictional 소설의, 허구의
◆ a detective **fiction** 탐정 소설

1544☐ **legislation** ㉙ 입법, 법률
[lèdʒisléiʃən]　㉗㉙ legislative 입법의, 입법부
◆ **legislative** power 입법권

1545☐ **indispensable** ㉗ 필수의(↔ dispensable 없어도 되는)
[ìndispénsəbl]　◆ Air is **indispensable** to life.
　공기는 생명에 꼭 필요하다.

1546☐ **geography** ㉙ 지리, 지형
[dʒiágrəfi]　　㉗ geographical 지리적인
◆ **geographical** distribution 지역 분포

289

1547☐ **enormous** 〔inɔ́:rməs〕
- 형 막대한(immense), 거대한(huge)
- 부 enormously 거대하게, 극심하게
- ◆ an enormous sum of money 막대한 금액
- ◆ an enormous tension 엄청난 긴장감 수능기출

1548☐ **carry** [kǽri]
- 동 운반하다, 가지고 있다
- 명 carrier 운송인, 운반장치
- ◆ carry a cane in one's hand
  손에 지팡이를 들고 있다
- ◆ carry out 실행하다
- ◆ He did not carry out his promise to us.
  그는 약속을 이행하지 않았다.

1549☐ **foster** [fɔ́(:)stər]
- 동 기르다(bring up), 촉진하다
- ◆ foster a forlorn child 버려진 아이를 기르다

1550☐ **glacier** [gléiʃər]
- 명 빙하
- 형 glacial 얼음의, 빙하의
- ◆ the glacial period 빙하기

1551☐ **notion** [nóuʃən]
- 명 생각, 개념(conception)
- 형 notional 개념상의
- ◆ He has no notion of economy.
  그는 경제 관념이 전혀 없다.
- ◆ have no notion of doing ~할 생각은 없다

1552□ **compliment** 몡 칭찬 동 [kámplimènt] 칭찬하다(praise)
[kámplimənt]
◆ Thank you for **compliment**.
칭찬해 주셔서 감사합니다.

1553□ **congestion** 몡 밀집, 혼잡 동 congested 붐비는, 정체한
[kəndʒéstʃən]
◆ Unless we take action now, traffic **congestion** will get worse and worse. 수능기출
우리가 지금 조치를 취하지 않으면 교통 혼잡은 점점 악화될 것이다.

1554□ **kneel** 동 무릎을 꿇다
[ni:l]

1555□ **credit** 몡 신용(belief), 명예(honor)
[krédit]
◆ **credit** card 신용 카드, a **credit** sale 외상 판매

1556□ **vanish** 동 사라지다(disappear)
[vǽniʃ]
◆ **vanish** away like smoke 연기처럼 사라지다

1557□ **civil** 혱 시민의, 국내의 몡 civilian 민간인
[sívəl]
◆ **civil** law 민법, a **civil** war 내전

291

1558 **lock** [lɑk]
- 명 자물쇠 동 자물쇠를 채우다
- ◆ lock the door 문에 자물쇠를 채우다

1559 **diminish** [dimíniʃ]
- 동 줄어들다, 감소하다(decrease)
- 명 diminution 감소
- 형 diminutive 소형의, 작은(tiny)
- ◆ The food production are rapidly diminishing every year.
  식량 생산이 해마다 급격히 줄고 있다.

1560 **prospect** [prάspekt]
- 명 전망, 기대
- ◆ There is no prospect of success.
  성공할 가망은 없다.

1561 **supreme** [səpríːm]
- 형 최고의, 대단한
- ◆ the supreme court 대법원

1562 **isolate** [áisəlèit]
- 동 고립(격리)시키다
- 형 isolated 고립된
- ◆ isolate a patient 환자를 격리하다

1563 **contest** [kəntést]
- 동 다투다, 겨루다
- 명 [kάntest] 경쟁, 경연
- ◆ a beauty contest 미인 대회

1564 **fulfill** ⑧ 수행하다, 실행하다 (carry out)
[fulfil] ⑲ fulfil(l)ment 수행, 실행
- ◆ fulfill multiple social roles 수능기출
  다양한 사회적 역할들을 수행하다

1565 **pronunciation** ⑲ 발음(법)
[prənʌnsiéiʃən] ⑧ pronounce 발음하다, 단언하다
- ◆ He pronounced the signature to be a forgery.
  그는 그 서명이 위조라고 단언했다.

1566 **discharge** ⑧ 짐을 내리다, 해방하다, 배출하다, 이행하다
[distʃáːrdʒ]
- ◆ discharge a missile 미사일을 발사하다
- ◆ discharge a ship of its cargo
  배에서 짐을 부리다

1567 **offend** ⑧ 화나게 하다, 위반하다
[əfénd] ⑲ offense 공격 (↔ defense 방어), 위반
⑱ offensive 불쾌한 (unpleasant), 공격의
- ◆ I'm offended by his blunt speech.
  그의 버릇없는 말에 화가 난다.
- ◆ offend against the custom 관습을 어기다

1568 **accelerate** ⑧ 촉진하다, 가속하다 (↔decelerate 감속하다)
[æksélərèit] ⑲ acceleration 촉진, 가속(도)
- ◆ accelerate growth 성장을 촉진하다

1569 □ **autograph** 명 동 서명(하다)
[ɔ́:təgræf]
◆ **autograph** a book 책에 서명하다

1570 □ **tide** 명 조수, 경향(tendency) 형 tidal 조수의
[taid]
◆ Time and **tide** wait for no man. 속담
세월은 사람을 기다리지 않는다.
◆ The **tide** is in(out). 지금은 밀물(썰물)이다.
◆ The **tide** turns. 형세가 바뀐다.

1571 □ **dispense** 동 ~없이 지내다(with), 나누어 주다
[dispéns] 형 **dispensable** 없어도 되는(↔indispensable 필수의)
◆ I can **dispense with** your advice.
너의 충고 없이도 해나갈 수 있다.

1572 □ **somehow** 부 어떻게 해서든지(by some means), 웬일인지
[sʌ́mhàu]
◆ **Somehow** I never liked him.
웬일인지 그에게 호감이 가지 않았다.
◆ It must be done **somehow** or other.
어떻게 해서든지 꼭 그것을 해야 한다.

1573 □ **co-worker** 명 함께 일하는 사람, 동료
[kóuwə̀:rkər]

1574 □ **cynical** 형 냉소적인, 비꼬는
[sínikəl]

1575☐ **guarantee**
[gæ̀rəntíː]
- 동 보증하다(warrant) 명 보증, 보증인
- 명 guaranty 보증, 담보(물)
- ◆ The introduction of unique products alone does not **guarantee** market success. 수능기출
  특이한 상품을 소개하는 것 만으로는 시장에서의 성공을 보장해 주지 않는다.

1576☐ **chief**
[tʃiːf]
- 명 (단체의)장, 우두머리
- 형 가장 중요한, 주된
- ◆ a **chief** of family 가장
- ◆ Sugar is the **chief** constitution of candy.
  설탕이 과자의 주된 성분이다.

1577☐ **sustain**
[səstéin]
- 동 유지하다, 지지하다, 부양하다
- 명 sustenance 유지, 생계
- ◆ **sustained** economic growth 지속적인 경제 성장
- ◆ **sustain** life 생명을 유지하다

1578☐ **mirror**
[mírər]
- 명 거울 (looking glass)
- ◆ Literature is a **mirror** of society.
  문학은 사회상을 반영하는 거울이다.

1579☐ **verbal**
[və́ːrbəl]
- 형 언어의, 말로서의
- ◆ a **verbal** contract 구두 계약
- ◆ a **verbal** test 언어 적성 검사

Check up (52nd-54th day)

1) 다음 영어는 우리말로, 우리말은 영어로 쓰시오. (1-14)

1. flatter
2. sparkle
3. accomplish
4. vigorous
5. enormous
6. compliment
7. guarantee
8. 짐
9. 공화국
10. 위엄
11. 창고
12. 새벽
13. 신호
14. 지리

2) 다음 빈 칸에 알맞은 단어를 쓰시오. (15-24)

15. the primary school _____ 초등학교 동창회
16. a man of _____ 저명 인사
17. at a _____ 단숨에
18. a _____ housewife 알뜰한 주부
19. a _____ contract 구두 계약
20. an _____ salary 연봉
21. the _____ of an examination 시험 감독
22. _____ card 신용 카드
23. a beauty _____ 미인대회
24. a detective _____ 탐정 소설

Speed Test

reward	보답하다	mutual	상호간의
candid	솔직한(frank)	foliage	잎(leaves)
boast	자랑하다	census	인구조사
graduation	졸업	noted	유명한
initial	처음의, 머리글자	potable	마실 수 있는
valid	유효한	lecture	강의, 강연

정답 1.아첨하다 2.반짝이다 3.성취하다 4.활기찬 5.막대한 6.칭찬 7.보증하다 8.baggage 9.republic 10.dignity 11.warehouse 12.dawn 13.signal 14.geography 15.reunion 16.note 17.burst 18.thrifty 19.verbal 20.annual 21.supervision 22.credit 23.contest 24.fiction

1580 sculpture
[skʌ́lptʃər]
- 명동 조각(하다)
- 명 sculptor 조각가
  - ◆ **sculpture** a statue in stone
    돌에 상을 새기다

1581 vain
[vein]
- 형 헛된, 허영심이 강한 명 vanity 허영심
  - ◆ in **vain** 보람없이, 헛되이
  - ◆ She was very **vain** about her own beauty.
    그녀는 아름다움에 대한 허영심이 강했다.

1582 hypothesis
[haipɑ́θisis]
- 명 가설, 전제
- 형 hypothetical 가설의
  - ◆ form a **hypothesis** 가설을 세우다

1583 parallel
[pǽrəlèl]
- 형 평행의, 유사한(similar) 명 평행선
  - ◆ **parallel** bars 평행봉
  - ◆ in **parallel** with ~과 평행인

1584 scout
[skaut]
- 명 정찰(병), 스카웃 동 정찰하다, 찾아 나서다
  - ◆ **scouting** plane 정찰기
  - ◆ **scout** a promising player
    유망한 선수를 스카웃하다

1585 **sterile** [stéril]
- 형 불모의(barren) (↔ fertile 비옥한), 메마른, 불임의
- ◆a sterile year 흉년

1586 **renew** [rinjú:]
- 동 다시 시작하다(resume), 새롭게 하다
- 명 renewal 재개, 갱신
- ◆renew curtains 커튼을 새로 갈다

1587 **install** [instɔ́:l]
- 동 설치하다, 임명하다(appoint)
- 명 installation 설치, 취임
- 명 installment 할부(금)
- ◆install a new washing machine 새 세탁기를 설치하다
- ◆the ceremony of one's installation 취임식

1588 **interfere** [ìntərfíər]
- 동 방해하다, 간섭하다
- 명 interference 방해, 간섭
- ◆He interfered in my private business. 그는 나의 사적인 일에 간섭했다.
- ◆The sound of the radio upstairs interferes with my work. 위층의 라디오 소리가 내 작업을 방해한다.

1589 **document** [dάkjumənt]
- 명 문서, 서류, 기록
- 형명 documentary 문서의, 다큐멘터리, 기록물
- ◆an official document 공문서

1590 □ **compel**
[kəmpél]
동 억지로 ~ 시키다, 강요하다
◆ Hunger **compelled** him to surrender.
그는 배고픈 나머지 어쩔 수 없이 항복했다.

1591 □ **position**
[pəzíʃən]
명 위치, 지위, 입장, 직업
◆ Put yourself in his **position**!
당신이 그의 입장에 서 보십시오!

1592 □ **disregard**
[dìsrigá:rd]
동 무시하다(neglect)(↔regard 주의하다)
형 disregardful 무시하는, 무관심한(indifferent)
◆ have a disregard for ~을 무시하다

1593 □ **proportion**
[prəpɔ́:rʃən]
명 비율
형 proportional 비례의
◆ in proportion to ~에 정비례하여
◆ the proportion of deaths to the population
인구에 대한 사망 비율

1594 □ **hang**
[hæŋ]
동 매달다, 걸다
◆ **Hang** the picture on the wall.
그 그림을 벽에 걸어라.

1595 □ **village**
[vílidʒ]
명 마을
◆ a farm **village** 농촌

1596 **disgust** [disgʌ́st]
- 동 불쾌하게 하다, 정 떨어지게 하다
- 형 disgusting 아주 싫은
- ◆ Its smell **disgusts** me. 그 냄새는 참 역겹다.
- ◆ be **disgusted** with a person
  남에 대해 정나미가 떨어지다

1597 **edible** [édibl]
- 형 식용의, 먹을 수 있는(eatable)
- ◆ **edible** frogs 식용 개구리

1598 **absent-minded** [ǽbsəntmáindid]
- 형 멍하니 있는, 방심상태의
- ◆ Please excuse my **absent-mindedness**.
  멍하니 있어서 미안해요.

1599 **revolt** [rivóult]
- 명 반란, 혐오
- 동 반역(배반)하다, 불쾌하게 하다(disgust)
- ◆ **revolt** against a dictator
  독재자에 항거하다
- ◆ My stomach **revolts** at such food.
  나는 그러한 음식을 먹으면 체한다.

1600 **dust** [dʌst]
- 명 먼지
- 형 dusty 먼지 투성이의
- ◆ a cloud of **dust** 자욱한 흙먼지
- ◆ The desk is covered with **dust**.
  책상은 먼지로 덮혀 있다.

1601 **enlighten** [inláitn]
- 동 계몽하다, 가르치다
- 명 enlightenment 계몽
- ◆ Please **enlighten** me on this point.
  이 점에 관하여 가르쳐 주십시오.
- ◆ **enlighten** ignorant inhabitants
  무식한 주민들을 계몽하다

1602 **shrug** [ʃrʌg]
- 동 어깨를 으쓱하다
- ◆ **shrug** one's shoulders 어깨를 으쓱하다

1603 **beg** [beg]
- 동 구걸하다, 간청하다
- 명 beggar 거지
- ◆ I **beg** your pardon. 한번 더 말씀해 주십시오.
- ◆ I **beg** of you not to say it again.
  제발 두 번 다시 그 일을 말하지 마십시오.

1604 **wave** [weiv]
- 명 파도, 손짓
- 동 물결치다, 손을 흔들다
- ◆ His hair **waves** naturally.
  그는 원래 곱슬머리다.
- ◆ a cold **wave** 한파

1605 **recipe** [résipi(:)]
- 명 요리법, 비법
- ◆ a **recipe** for chicken soup 치킨 스프 요리법
- ◆ one's **recipe** for health 건강법

1606 □ **courtesy**
[kə́ːrtisi]
- 몡 예의, 호의
- 혱 courteous 예의바른, 친절한
- ◆ He is a model of **courtesy**.
  그는 예의의 본보기이다.

1607 □ **area**
[ɛ́əriə]
- 몡 면적, 지역, 분야
- ◆ the metropolitan **area** 수도권
- ◆ the whole **area** of science 과학의 모든 영역

1608 □ **ultimate**
[ʌ́ltimit]
- 혱 최후의, 궁극적인
- 뷔 ultimately 궁극적으로(finally)
- ◆ our **ultimate** goal 우리의 궁극적인 목적

1609 □ **alter**
[ɔ́ːltər]
- 동 바꾸다(change) 몡 alteration 변경
- 혱 alterable 변경할 수 있는(↔ unalterable 불변의)
- ◆ **alter** for the better 개선하다
- ◆ **alter** a house into a store
  집을 가게로 개조하다

1610 □ **campaign**
[kæmpéin]
- 몡 (특별한 목적을 위한) 운동, 선거 운동
- ◆ the presidential **campaign** 대통령 선거 운동
- ◆ a sales **campaign** 판매 촉진 운동

1611 **forecast** 몡동 예상(하다), 예보(하다)
[fɔ́ːrkæ̀st]   몡 forecaster 예보자
- forecast the weather 일기예보를 하다
- forecast the consequences 결과를 예측하다

1612 **budget** 몡 예산(안) 동 예산을 짜다
[bʌ́dʒit]
- budget for the coming year 내년도 예산을 짜다
- a family budget 가계비

1613 **vacuum** 몡형 진공(상태)의
[vǽkjuəm]
- a vacuum cleaner 진공 청소기

1614 **overhear** 동 엿듣다, 우연히 듣다
[òuvərhíər]
- overhear friend's talk
  친구의 이야기를 엿듣다

1615 **splash** 동 (물 따위가)튀기다
[splæʃ]
- splash dirty water 흙탕물을 튀기다

1616 **muscle** 몡 근육
[mʌ́sl]   형 muscular 근육의
- a shoulder muscle 어깨 근육
- Physical exercises develop muscle.
  운동은 근육을 발달시킨다.

1617 □ **priceless** [práislis] 형 매우 귀중한, 돈으로 살 수 없는
◆ priceless information to help the world to come
앞으로의 세상을 돕기 위한 귀중한 정보 〔수능기출〕

1618 □ **incredible** [inkrédəbl] 형 믿을 수 없는, 놀라운
◆ an incredible price 엄청난 값

1619 □ **sigh** [sai] 명동 한숨 (쉬다)
◆ She gave a sigh of relief. 〔수능기출〕
그녀는 안도의 한숨을 내쉬었다.

1620 □ **associate** [əsóuʃièit] 동 교제하다, 연관시키다(connect)
명 [əsóuʃiit] 친구, 동료
명 association 연합, 협회, 교제
◆ be associated with ~와 관련되다
◆ a Parent-Teacher Association 사친회

1621 □ **course** [kɔ:rs] 명 과정, 진행, 코스(진로)
◆ a course of education 교과 과정
◆ change one's course 진로를 바꾸다

1622 □ **stuff** [stʌf] 명 물건, 물질 동 채워넣다(pack)
◆ stuff feathers into a pillow
베개에 깃털을 채워넣다
◆ doctor's stuff 약

1623 **poverty** [pávərti(:)]
- 명 빈곤, 결핍
- ◆ **poverty** of blood 빈혈
- ◆ live in **poverty** 가난하게 살다

1624 **bloom** [blu:m]
- 명 동 꽃(피다)
- 형 blooming 활짝 핀 (in bloom)
- ◆ The rose are in full **bloom**.
  장미꽃이 만발해 있다.

1625 **element** [éləmənt]
- 명 요소, 성분 (pl)원리 형 elementary 초보의
- ◆ **Elements** of culture can be divided into two categories. 수능기출
  문화의 요소들은 두 가지 범주로 나뉠 수 있다.
- ◆ **elementary** school 초등 학교

1626 **gaze** [geiz]
- 동 응시하다(stare), 바라보다(at)
- 명 응시, 주시
- ◆ **gaze** at wonderful scenery
  기막힌 경치를 넋을 잃고 바라보다

1627 **reward** [riwɔ́:rd]
- 동 포상하다, 보답하다 명 보수, 보상(금)
- ◆ a **reward** for finding a lost child
  미아 찾기에 대한 보상
- ◆ The **reward** seems hardly worth the effort. 수능기출
  노력을 기울인 만큼의 보상이 거의 없다.

1628 □ **accommodate** 　 ⑧ 수용하다, 편의를 도모하다, 숙박시키다
[əkάmədèit] 　 ⑲ accommodation 수용, 편의 시설, (pl)숙박 시설
- The hotel can accommodate 500 guests.
  그 호텔은 5백 명의 손님을 수용할 수 있다.

1629 □ **obstinate** 　 ⑱ 고집 센, 완강한
[άbstinit] 　 ⑲ obstinacy 고집, 완고
- as obstinate as a mule 대단히 고집이 센

1630 □ **gesture** 　 ⑲ 몸짓, 동작
[dʒéstʃər] 　 - signal by gesture 몸짓으로 신호하다

1631 □ **temper** 　 ⑲ 기질, 기분
[témpər]
- a calm temper 차분한 성미
- lose one's temper 화를 내다

1632 □ **cough** 　 ⑲⑧ 기침(하다)
[kɔ(:)f] 　 - have a bad cough 몹시 기침이 나다

1633 □ **hesitate** 　 ⑧ 망설이다
[hézitèit] 　 ⑲ hesitation 망설임
　 ⑱ hesitant 주저하는, 머뭇거리는
- He had no hesitation about it.
  그는 그 일에 대해 조금도 망설이지 않는다.

1634 □ **mass**
[mæs]
- 명 큰 덩어리, 다량(다수), 일반 대중
- 형 massive 육중한, 큰
- ◆ mass production 대량 생산

1635 □ **superb**
[supə́:rb]
- 형 훌륭한, 최고급의
- ◆ a superb wine 최고급 포도주

1636 □ **lessen**
[lésn]
- 동 적게하다, 줄이다
- ◆ lessen the speed 속도를 줄이다

1637 □ **swift**
[swift]
- 형 신속한(rapid), 재빠른
- ◆ a swift vessel 쾌속정

1638 □ **barbarian**
[bɑ:rbɛ́(:)riən]
- 명 야만인, 미개인
- 형 야만의, 교양이 없는(uncultured)
- 명 barbarism 야만 행위

1639 □ **mechanical**
[mikǽnikəl]
- 형 기계의
- 명 mechanic 기계공
- 명 mechanics 역학, 기계학
- ◆ a car mechanic 자동차 정비공

1640 **consent** 명동 동의(하다)(agree), 승낙(하다)(↔dissent)
[kənsént]
◆ I can't consent to such terms.
나는 그런 조건에 동의할 수 없다.

1641 **persist** 동 고집하다(adhere to), (계속) 주장하다(in)
[pə:rsíst] 형 persistent 고집하는, (끝이)지지 않는
◆ In spite of financial problem, he persisted in his project.
재정 문제에도 불구하고 그는 자신의 계획을 고집했다.

1642 **consistent** 형 일치하는, 양립하는
[kənsístənt] 동 consist of ~으로 이루어지다(be composed of)
consist in ~에 있다
◆ He is not consistent in his action.
그의 행동은 앞뒤가 맞지 않는다.

1643 **concrete** 형 구체적인(↔abstract 추상적인)
[kánkri:t]
◆ a concrete proof 구체적인 증거

1644 **diameter** 명 지름, 직경
[daiǽmitər]
◆ the circle's diameter 원의 지름

1645 **outcome** 명 결과, 성과
[áutkʌm]
◆ the outcome of a general election 총선 결과

1646 **stir** 동 휘젓다
[stəːr]
◆ **stir** milk with a spoon
숟가락으로 우유를 휘젓다

1647 **weed** 명동 잡초(를 뽑다)
[wiːd] 명 weeder 제초기
◆ Please **weed** the garden. 정원의 잡초를 뽑아주세요.

1648 **grasp** 동 움켜쥐다, 이해하다
[græsp]
◆ She **grasped** it tightly as a powerful fish took her line. 수능기출
힘이 센 물고기가 그녀의 낚싯대를 잡아당기는 만큼 그녀도 그것을 꽉 쥐었다.
◆ **grasp** the meaning 뜻을 이해하다

1649 **crime** 명 (법률상의)범죄
[kraim] 명형 criminal 범인(의)
◆ the **crime** of murder 살인죄
◆ commit a **crime** 죄를 범하다
cf. sin (종교, 도덕상의) 죄

1650 **gentle** 형 부드러운, 온화한, 정중한
[dʒéntl] 형 gentlemanly 신사적인, 점잖은
명 gentleman 신사
◆ A **gentle** south wind is blowing.
부드러운 남풍이 불고 있다.

1651 □ **resume**
[rizúːm]
- 동 다시 시작하다, 되찾다
- 명 [rèzuméi] 이력서
- ◆Full service will **resume** on the twelfth.
  모든 시설의 이용은 12일부터 재개됩니다.

1652 □ **otherwise**
[ʌ́ðərwàiz]
- 부 그렇지 않으면, 달리
- ◆Start at once, **otherwise** you will be late.
  즉시 출발하지 않으면 늦는다.
- ◆I can't think **otherwise**.
  달리 생각할 수가 없다.

1653 □ **retreat**
[ritríːt]
- 명동 후퇴(하다)(↔advance 전진하다), 은퇴(하다)
- ◆**retreat** from the front 전방에서 후퇴하다
- ◆a mountain **retreat** 산장

1654 □ **tedious**
[tíːdiəs]
- 형 지루한(tiresome)
- ◆a **tedious** journey 지루한 여행

1655 □ **recharge**
[riːtʃɑ́ːrdʒ]
- 동 재충전하다
- 형 **rechargeable** 재충전할 수 있는
- ◆**recharge** a battery 배터리를 재충전하다

1656 □ **cabin**
[kǽbin]
- 명 오두막집(hut)
- ◆a log **cabin** 통나무 집

1657 **prevail** [privéil]
- 동 유행하다, 우세하다
- 명 prevalence 유행, 보급
- 형 prevalent 유행하는, 널리 퍼진
- ◆Colds are prevalent in winter.
  감기는 겨울에 유행한다.
- ◆prevail on ~을 설득하다

1658 **draw** [drɔː]
- 동 그리다, 끌다 명 무승부
- ◆draw a cart 짐수레를 끌다
- ◆draw a picture 그림을 그리다

1659 **bargain** [báːrgin]
- 명 싸게 산 물건 형 염가의 동 흥정하다
- ◆a bargain sale 염가 판매

1660 **adolescent** [ӕdəlésənt]
- 명형 청년기(의), 사춘기(의), 청년
- 명 adolescence 청년기, 사춘기
- ◆boys and girls at adolescence 사춘기의 남녀

1661 **military** [mílitèri]
- 형 군대의, 육군의(↔ naval 해군의)
- ◆military academy 육군 사관학교

1662 **estate** [istéit]
- 명 재산, 땅, 지위
- ◆real estate 부동산
- ◆personal estate 동산

Check up (55th-57th day)

1) 다음 영어는 우리말로, 우리말은 영어로 쓰시오.(1-14)

1. disregard
2. forecast
3. priceless
4. accommodate
5. hesitate
6. concrete
7. tedious
8. 비율
9. 마을
10. 요리법
11. 빈곤
12. 몸짓
13. 야만인
14. 기질

2) 다음 빈 칸에 알맞은 단어를 쓰시오.(15-24)

15. an official _____ 공문서
16. _____ a promising player 유망한 선수를 스카웃하다
17. _____ frogs 식용 개구리
18. the metropolitan _____ 수도권
19. a _____ cleaner 진공 청소기
20. a shoulder _____ 어깨 근육
21. _____ school 초등학교
22. the circle's _____ 원의 지름
23. the _____ of a general election 총선 결과
24. a _____ sale 염가 판매

Speed Test

remodel	개조하다	broadcast	방송(하다)
suitcase	여행 가방	checkup	점검, 신체검사
tax	세금	provide	공급(제공)하다
purchase	구매(구입)하다	deny	부인(부정)하다
prefer	선호하다	obscure	애매한
deadline	마감일, 기한	insight	통찰력

정답 1.무시하다 2.예상하다 3.매우 귀중한 4.수용하다 5.망설이다 6.구체적인 7.지루한 8.proportion 9.village 10.recipe 11.poverty 12.gesture 13.barbarian 14.temper 15.document 16.scout 17.edible 18.area 19.vacuum 20.muscle 21.elementary 22.diameter 23.outcome 24.bargain

1663 □ **shave** 　　⑲⑧ 면도(하다)
[ʃeiv]
◆ He does not **shave** everyday.
그는 매일 면도하지 않는다.

1664 □ **esteem** 　　⑧ 존중하다, ~라고 생각하다
[istíːm]
◆ I **esteem** your advice highly.
나는 귀하의 충고를 크게 존중합니다.
◆ I shall **esteem** it (as) a favor.
고맙게 생각합니다.

1665 □ **jewel** 　　⑲ 보석(gem)
[dʒúːəl]　　⑲ jewelry 보석류
◆ a **jewelry** shop 보석 가게

1666 □ **marble** 　　⑲ 대리석　⑲ 대리석의
[máːrbl]
◆ a block of **marble** 대리석 덩어리 〔수능기출〕

1667 □ **swell** 　　⑧ 부풀다, 팽창하다　⑲ 팽창, 부어오름
[swel]
◆ Membership **swelled** to a thousand.
회원 수가 천 명으로 늘어났다.
◆ The injured wrist **swelled** up badly.
다친 팔목이 몹시 부었다.

1668 **proficient** ⑱ 숙달된(skilled)(↔clumsy 솜씨 없는)
[prəfíʃ(ə)nt] ⑲ proficiency 숙달
◆ be **proficient** in speaking English
영어 회화에 능숙하다

1669 **dispute** ⑲⑱ 논쟁(하다), 논의(하다)
[dispjúːt] ⑲ disputation 논쟁, 토론
◆ go into a **dispute** 논쟁을 벌이다

1670 **worsen** ⑱ 악화시키다, 나빠지다
[wə́ːrsn] ⑲ worse 더 나쁜, 악화된
◆ **worsen** the situation 상황을 악화시키다

1671 **surplus** ⑲⑲ 과잉(의)
[sə́ːrplʌs] ◆ a **surplus** population 과잉 인구

1672 **leisure** ⑲ 틈, 여가(spare time) ⑲ 한가한
[léʒər] ㉿ leisurely 한가로이
◆ at one's **leisure** 한가한 때에

1673 **adminstration** ⑲ 관리, 경영, 행정(부)
[ədmìnistréiʃ(ə)n] ⑲ administrative 관리(행정)의
⑱ administer 관리(통치)하다, 집행하다
◆ the Korean **administration** 한국 정부

314

1674 **eternal** [itə́:rnəl]
- 형 영원한(↔ temporary 일시적인), 불변의
- 명 eternity 영원, 오랜 기간
- ◆eternal love 영원 불변의 사랑

1675 **claim** [kleim]
- 명동 요구(하다), 주장(하다)
- ◆He claimed that his answer was correct.
  그는 자기의 대답이 옳다고 주장하였다.
- ◆claim damages 손해 배상을 요구하다

1676 **property** [prápərti]
- 명 재산, 소유권(ownership)
- ◆literary property 저작권
- ◆private property 사유 재산

1677 **gap** [gæp]
- 명 갈라진 틈, 격차
- ◆the generation gap 세대 차이
- ◆close a gap 간격을 줄이다

1678 **vow** [vau]
- 명동 맹세(하다), 서약(하다)
- ◆wedding vow 결혼 서약
- ◆perform a vow 서약을 실행하다

1679 **pale** [peil]
- 형 창백한
- ◆He turned pale at the news.
  그는 그 소식을 듣고 창백해졌다.

1680 □ **flavor**
[fléivər]
- 명 맛, 풍미(taste)
- ◆ a sweet flavor 단맛

1681 □ **despair**
[dispέər]
- 명동 절망(하다), 자포자기(하다)
- ◆ in despair 절망하여
- ◆ We despaired of success. 우리는 성공을 단념했다.

1682 □ **deny**
[dinái]
- 동 부정(부인)하다(↔admit)
- 명 denial 부정
- ◆ He denied having said so.
  그는 그런 말을 한 일이 없다고 말했다.

1683 □ **arrogant**
[ǽrəgənt]
- 형 오만한, 건방진
- 명 arrogance(-cy) 오만, 거만
- ◆ arrogant claims 오만한 요구

1684 □ **vague**
[veig]
- 형 막연한, 애매한, 흐릿한(ambiguous)(↔clear 명백한)
- ◆ Out of the dark came a vague voice "who's there?"
  어둠 속에서 "거기 누구 있어요?" 하는 희미한
  목소리가 들려왔다. 수능기출
- ◆ a vague rumor 막연한 소문

1685 □ **roam**
[roum]
- 명동 방랑(하다), 배회(하다)
- ◆ roam over the mountains 산을 헤매다

1686 **vivid** [vívid]
- 형 생생한, 선명한
- ◆ a vivid description 생생한 묘사
- ◆ a vivid green 선명한 초록빛

1687 **fear** [fiər]
- 명 공포(terror), 두려움
- 형 fearful 무서운, 두려워하는
- ◆ He was fearful of failing in the examination. 그는 시험에 떨어지지 않을까 두려웠다.
- ◆ a fearful sight 무서운 광경

1688 **heaven** [hév(ə)n]
- 명 하늘, 천국 (↔ hell 지옥), Heaven 하느님(God)
- 형 heavenly 하늘의, 천국의
- ◆ Heaven helps those who help themselves. 속담
  하늘은 스스로 돕는 자를 돕는다.
- ◆ a heaven on earth 지상의 낙원

1689 **barometer** [bərámitər]
- 명 기압계, 척도
- ◆ The education of a country is the barometer of culture.
  교육은 그 나라 문화의 척도이다

1690 **famine** [fǽmin]
- 명 기근, 굶주림
- ◆ a house famine 주택난
- ◆ Chinese peasants no longer suffer from the famines. 수능기출
  중국의 농부는 더 이상 기근에 시달리지 않는다.

1691 □ **barren**
[bǽrən]
⑧ 불모의, 불임의, 메마른 (↔ fertile 비옥한)
◆ **barren** land 불모지

1692 □ **pole**
[poul]
⑨ 막대기, 극(極)
◆ a fishing **pole** 낚싯대, the North **Pole** 북극

1693 □ **self-conscious**
[sélfkánʃəs]
⑧ 자의식이 강한
◆ Teenagers are extremely **self-conscious**.
십대들은 극단적으로 자의식이 강하다. 수능기출

1694 □ **germ**
[dʒəːrm]
⑨ 세균, 병균
◆ a **germ** carrier 보균자
◆ **Germs** are invisible to the naked eye.
세균은 육안으로 볼 수 없다.

1695 □ **furniture**
[fəːrnitʃər]
⑨ 가구
◆ a set of **furniture** 가구 한 벌

1696 □ **lick**
[lik]
⑧ 핥다
◆ The puppy is **licking** his paw.
강아지가 발을 핥고 있다.

1697 □ **pond**
[pɑnd]
명 연못

1698 □ **racial**
[réiʃəl]
형 인종의, 민족의
명 race 경주, 인종, 경쟁
◆ **racial** discrimination 인종 차별

1699 □ **compass**
[kʌ́mpəs]
명 나침반, 범위, 컴퍼스
동 우회하다, 에워싸다(surround)
◆ an island **compassed** by the sea
바다에 둘러싸인 섬

1700 □ **noble**
[nóubl]
형 고귀한, 귀족의
명 nobility 귀족, 고귀함
◆ a **noble** family 귀족

1701 □ **slam**
[slæm]
동 쾅 닫다, 털썩 내려놓다
◆ **slam** dunk 덩크슛(dunk shot)
◆ Don't **slam** the door. 문을 쾅 닫지 마라.

1702 □ **controversial**
[kɑ̀ntrəvə́:rʃəl]
형 논쟁상의, 논쟁의 여지가 있는
명 controversy 논쟁
◆ a **controversial** policy
논쟁의 여지가 있는 정책

1703 □ **raw** [rɔː]
형 날것의, 가공하지 않은
◆ **raw** materials 원료, **raw** cream 생크림

1704 □ **hindrance** [híndrəns]
명 방해, 장애(물)   동 hinder 방해하다(interrupt)
◆ without **hindrance** 아무런 장애없이
◆ The sand **hindered** our walking.
모래가 걷는 데 방해가 되었다.

1705 □ **foreign** [fɔ́(ː)rin]
형 외국의
◆ a **foreign** language 외국어
◆ **foreign** policy 외교 정책

1706 □ **partial** [páːrʃəl]
형 부분적인, 불공평한(unfair)(↔impartial 공평한)
◆ a **partial** opening of the market
부분적인 시장 개방

1707 □ **recover** [rikʌ́vər]
동 회복하다, ~을 되찾다   명 recovery 회복
◆ **recover** one's sight 시력을 회복하다
◆ **recover** a lost watch 잃었던 시계를 되찾다

1708 □ **discount** [dískaunt]
명 동 할인(하다)
◆ at a **discount** 할인하여
◆ Is there a **discount** for cash payment?
현금 지불하면 할인해 주나요?

익숙하지만
다양하게 사용되는
영단어

1709 about ① ~에 대하여 ② 약, 대략

① a book about fishing 낚시에 대한 책
② It costs about $10. 그것은 약 10달러이다.
◆ be about to V 막 ~ 하려고하다
　The game is about to start. 게임이 막 시작하려고 한다.

1710 apply ① 적용(응용)하다(to) ② 지원하다(for/to)

① apply science to everyday life 과학을 일상생활에 응용하다
② apply for the overseas volunteers program
　해외 자원 봉사 프로그램에 지원하다

1711 arm ① 팔 ② arms 무기, 무장시키다

② one's right arm 오른팔
② the production of arms 무기제조
② A man is heavily armed. 남자가 중무장을 하고 있다.

1712 article ① 기사, 논문 ② 물품, 물건

② articles for practical use 실용적인 물건
② an editorial article (신문의) 사설

1713 ask ① 묻다 ② 요청하다

① ask the time 시간을 묻다
② ask for forgiveness 용서를 요청하다

1714	as	① ~로서(자격)	② ~할 때(시간)
		③ ~ 때문에(이유)	④ ~처럼
		⑤ ~함에 따라	

① **as** your father 네 아버지로서
② He came up to me **as** I was speaking.
　내가 말을 하고 있을 때 그가 다가왔다.
③ **As** I was tired, I soon fell asleep. 피곤했기 때문에 곧 잠이 들었다.
④ Do in Rome **as** the Romans do.
　로마에 가면 로마의 풍습을 따르라.
⑤ **As** she grew older, she became more beautiful.
　그녀는 커감에 따라 점점 더 예뻐졌다.

◆ as A as B　B만큼 A한(동급 비교)
　He is **as** tall **as** you. 그는 키가 너만큼 크다.
◆ B as well as A　A뿐만 아니라 B도
　He gave us clothes **as well as** food.
　그는 우리에게 음식 뿐만 아니라 옷도 주었다.
◆ as long as ~하는 동안, ~하는 한
　as long as one lives 살아 있는 한
◆ as soon as 하자마자, 하자 곧
　as soon as possible 가능한 빨리
◆ as far as ~까지, ~하는 한
　as far as I know 내가 아는 한

1715	**bear**(bear-bore-born)	① 참다	② 낳다
		③ (마음에) 품다	④ 곰

① I can't **bear** the noise. 소음을 참을 수 없다.
② He **was born** in Pusan. 그는 부산에서 태어났다.
③ **bear in mind** 명심하다(keep in mind)

| 1716 | **book** | ① 책 | ② 예약하다 |

① a reference **book** 참고서
② **Book** me a flight to London.
런던행 비행편을 예약해 주십시오.

| 1717 | **break** | ① ~을 깨다, 부수다 | ② 휴식 |

① **break** a window 유리창을 깨다
② Let's take a **break**. 휴식하자.

| 1718 | **but** | ① 그러나 | ② ~을 제외하고 |

① He works hard, **but** he is very poor.
그는 열심히 일했지만 몹시 가난하다.
② Nobody could solve the problem **but** I.
나 이외에는 아무도 그 문제를 풀지 못했다.

| 1719 | **change** | ① 바꾸다 | ② 거스름 돈, 잔돈 |

① **change** one's address 주소를 바꾸다
② Keep the **change**. 잔돈은 가지세요.

| 1720 | **company** | ① 회사 | ② 일행, 친구 |

① a life insurance **company** 생명보험 회사
② A man is know by the **company** he keeps.
친구를 보면 그 사람을 알 수 있다.

1721 charge
① 부과하다, 청구하다　② 요금
③ 충전하다　④ 책임

① charge a tax on an estate 토지에 세금을 부과하다
② free of charge 무료로
③ charge a battery 배터리를 충전하다
④ He is in charge of the accounting department.
그는 회계부의 책임자이다.

1722 check
① 점검하다　② 체크인(아웃)하다
③ 수표

① Check your accounts. 계산서를 점검하십시오.
② check out of a hotel 호텔에서 체크 아웃하다
③ cash or check 현금이나 수표

1723 close
① 닫다(↔ open 열다)　② 가까운

① close a door 문을 닫다
② a close friend 절친한 친구

1724 count
① 수를 세다, 계산하다　② 중요하다

① count the money 돈을 세다
② What he said does not count. 그가 말한 것은 중요하지 않다.
◆ count on ~에 의존하다 (depend on=rely on)

| 1725 | **cover** | ① 덮다 | ② 취재하다, 보도하다 |

① Snow **covered** the highway. 고속도로는 눈으로 덮여 있었다.
② The reporter **covered** the accident.
　기자는 그 사고를 보도했다.

| 1726 | **custom** | ① 관습, 풍습 | ② (pl)관세, 세관 |

① according to the **custom** 관습에 따라
② pass the **customs** 세관을 통과하다

| 1727 | **dish** | ① 접시 | ② 요리, 음식 |

① a vegetable **dish** 야채 접시
② a cold **dish** 찬 음식

| 1728 | **even** | ① 심지어 ~조차도　② 평평한 | ③ 짝수의(↔odd 홀수의)　④ even + 비교급, 훨씬 더 ~한 |

① **Even** he could not jump. 그는 뛸 수도 없다.
② **even** ground 평지
③ an **even** page 짝수 페이지
④ She is **even** more beautiful than her sister.
　그녀는 동생보다 훨씬 아름답다.
◆ even if=even thouth 비록 ~일지라도

1729 end ① 끝　② 목적

① be sharp at the **end** 끝이 예리하다
② gain one's **end** 목적을 달성하다
◆ **in the end** 마침내, 결국

1730 face ① 얼굴　② ~에 직면하다

① a lovely **face** 예쁜 얼굴
② be **faced** with danger 위험에 직면하다

1731 fair ① 공정한(↔unfair)　② 박람회

① a **fair** decision 공평한 판단
② an industrial **fair** 산업 박람회

1732 fall ① 가을　② 떨어지다　③ 멸망　④ 폭포

① the **fall** of 2005　2005년의 가을
② Rain is **falling**. 비가 내리고 있다.
③ the **fall** of the Roman Empire 로마 제국의 멸망
④ Niagara **Falls** 나이애가라 폭포

1733 fast ① 빠른　② 단식, 금식(하다)

① a **fast** bus 급행 버스
② I have been **fasting** all day.
오늘 하루 종일 아무것도 먹지 않았다.

1734 **for**
① ~을 위하여　② ~때문에　③ ~동안
④ ~을 향하여　⑤ ~에 대하여　⑥ ~을 지지하여

① go for a walk 산책하러 가다
② for many reasons 많은 이유로
③ for a long time 오랫동안
④ leave for New York 뉴욕을 향하여 출발하다
⑤ a taste for music 음악에 대한 취향
⑥ for and against 찬성과 반대

1735 **figure**
① 숫자　② 모양, 모습
③ 인물

① significant figures 유효 숫자
② be square in figure 모양이 사각형이다
③ a national figure 전국적으로 유명한 인물
◆ figure out 이해하다, 계산하다
　figure out my income tax 내 소득세를 계산하다

1736 **free**
① 자유로운　② 무료의
③ 한가한　④ ~이 없는, 면제된

① a free negro 해방된 흑인
② a free ticket 공짜 티켓
③ I'm free today. 나 오늘 한가해.
④ a duty-free shop 면세점

1737 field
① 들판　　② 분야

① flowers of the field 들꽃
② a field of research 연구 분야

1738 fine
① 좋은　　② 벌금(을 부과하다)
③ 미세한, 가는

① fine workmanship 훌륭한 솜씨
② a parking fine 주차 위반 벌금
③ fine sand 고운 모래

1739 fire
① 불　　② 해고하다(dismiss)

① Fire burns. 불이 탄다.
② You're fired. 당신은 해고되었습니다.

1740 gift
① 선물　　② 재능

① a Christmas gift 크리스마스 선물
② a gift for music 음악적 재능

1741 good
① 좋은, 훌륭한　　② (pl)물품, 상품

① He is from a good family. 그는 가문이 좋다.
② essential goods 필수품

1742 **ground**　① 운동장　② 근거, 이유

① baseball **ground** 야구장
② on economic **grounds** 경제적인 이유로

1743 **game**　① 놀이, 게임, 경기　② 사냥감

① What a **game**! 참 재미있군!
　the Olympic **Game** 올림픽 경기 대회
② The victims were mostly hunters and hikers who were mistaken for **game**. 수능기출
희생자들은 대개 사냥감으로 오인된 사냥꾼들과 하이킹하는 사람들이었다.

1744 **hand**　① 손　② 일손, 도움
　　　　③ 건네주다

① rub one's **hands** 두 손을 비비다
② Could you give me a **hand** with this boxes?
　이 상자들을 옮기는 것을 좀 도와주겠니?
③ Please **hand** me the salt. 소금 좀 건네주세요.

1745 **if**　① 만일~ 라면 (가정법)　② ~ 인지 아닌지

① **If** it is possible 가능하다면
② He did not know **if** it was true or not.
　그는 그것이 진짜인지 아닌지 알지 못했다.

1746 **interest** ① 관심, 흥미　　② 이익　　③ 이자

① we **are interested in** result of the election.
우리는 선거 결과에 관심이 있다.
② the public **interests** 공익
③ free of **interests** 무이자

1747 **land** ① 육지, 나라　　② 상륙(착륙)시키다

① travel by **land** 육로로 여행하다
② **land** an airplane in an airport 비행기를 공항에 착륙시키다

1748 **last** ① 마지막의　　② 계속(지속)하다

① at the **last** minute 마지막 순간에
② The lecture **lasted** an hour. 강의는 1시간 계속됐다.

1749 **leave** ① 떠나다　　② 휴가　　③ ~을 남기다

① He **left** Seoul yesterday. 그는 어제 서울을 떠났다.
② a month's **leave** 1개월의 휴가
③ **leave** a message 메시지를 남기다

1750 **letter** ① 편지　　② 문자

① write a **letter** to ~에게 편지를 쓰다
② the **letters** of the alphabet 알파벳 문자들

331

1751	**like**	① ~을 좋아하다	② ~처럼
		③ what~ like = how	

① I don't **like** cat. 나는 고양이를 좋아하지 않는다.
② He swam **like** a fish. 그는 물고기처럼 헤엄쳤다.
③ **What** is the weather **like**? 날씨가 어때요?

1752	**long**	① 긴	② 간절히 바라다, 갈망하다

① a **long** distance 장거리
② We are **longing** for peace.
  우리는 평화를 갈망하고 있다.

1753	**major**	① 주요한(↔minor)	② 전공(하다)

① the **major** industry 주요 산업
② **major in** mathematics 수학을 전공하다

1754	**mean**	① 의미하다, 의도하다	② 중간의, 평균의
		③ 비열한	④ (pl)수단

① what do you **mean** by that? 무슨 뜻으로 그런 말을 하느냐?
② the **mean** temperature 평균 온도
③ It's **mean** of you to do that. 그런 짓을 하다니 넌 비열하다.
④ a **means** of transportation 교통 수단
  ◆ by means of ~에 의해
  ◆ by all means 반드시, 꼭
  ◆ by no means 결코 ~이 아니다

1755 **matter** ① 문제　　　② 중요하다.

① It is another matter. 그것은 별개의 문제다.
② It doesn't matter. 그것은 중요하지 않다.

1756 **meet** ① 만나다　　　② 충족시키다

① I met an old friend in the park.
　나는 공원에서 옛 친구와 마주쳤다.
② meet the needs 욕구를 충족시키다

1757 **might** ① may의 과거　　　② 힘(mighty 강한)

① Might I ask your name? 성함을 여쭈어 보아도 괜찮습니까?
② Might is right. 힘은 정의다.
③ a mighty ruler 강력한 통치자

1758 **mine** ① 나의 것　　　② 광산, 채굴하다

① a friend of mine 나의 친구
② a gold mine 금광

1759 **miss** ① 놓치다　　　② 그리워하다

① miss one's chance 기회를 놓치다
② They will miss each other. 그들은 서로 그리워할 것이다.

| 1760 | **move** | ① 움직이다. ② 이동(이사)하다 ③ 감동시키다. |

① The earth **moves** round the sun. 지구는 태양 주위를 돈다.
② **move** into the country 시골로 이사하다
③ The story **moved** me. 그 이야기가 나를 감동시켰다.

| 1761 | **must** | ① ~ 해야 한다(의무) ② ~ 임에 틀림없다(강한 추측) |

① One **must** eat to live. 사람은 살기 위해서 먹지 않으면 안된다.
② That **must** be false. 그것은 거짓임에 틀림없다.

| 1762 | **nature** | ① 자연 ② 성질, 천성 |

① **Nature** is the best physician. 자연은 가장 훌륭한 의사이다.
② Habit is second **nature**. 습관은 제 2의 천성이다.

| 1763 | **over** | ① ~위에 ② ~을 넘어 ③ ~이상 ④ ~저 쪽(편)의,~ 너머 ⑤ 끝나고 ⑥ ~하면서 |

① a bridge **over** the river 강에 놓인 다리
② look **over** a hedge 울타리 너머로 보다
③ **Over** a hundred people were injured in the accident. 100명 이상의 사람이 그 사고로 다쳤다.
④ the house **over** the river 강 건너 집
⑤ School will be **over** at three. 학교는 세시에 끝난다.
⑥ wait **over** a cup of coffee 커피를 마시면서 기다리다

1764 **net** ① 그물 ② 순(純) ③ 최종의

① a mosquito net 모기장
② a net profit 순이익
③ the net result 최종 결과

1765 **park** ① 공원 ② 주차하다

① a national park 국립 공원
② No parking 주차 금지

1766 **party** ① 파티 ② 정당 ③ 일행

① a dancing party 무도회
② join(leave) a party 입당(탈당)하다
③ a search party 수색대

1767 **present** ① 선물 ② 현재 ③ 출석(참석)한(↔ absent) ④ ~을 주다, 증정하다

① Here's a present for you. 이것은 너에게 주는 선물이다.
② the present cabinet 현 내각
③ I was present at the meeting. 나는 그 모임에 참석했다.
④ present a medal to a winner 우승자에게 매달을 수여하다

1768 press
① 누르다 ② 출판(물), 인쇄
③ 언론계, 기자단

① press a thing under a stone 물건을 돌로 눌러놓다
② freedom of the press 출판의 자유
③ hold a press conference 기자 회견을 열다

1769 pretty
① 예쁜 ② 매우, 대단히

① a pretty face 예쁜 얼굴
② It's pretty good! 아주 좋다!

1770 raise
① 올리다 ② 모으다
③ 기르다, 양육하다 ④ 일으키다

① raise heavy loads 무거운 짐을 들어올리다
② raise a subscription 기금을 모으다
③ raise ten children 10명의 아이를 기르다
④ raise a revolt 반란을 일으키다

1771 read
① 읽다 ② ~라고 쓰여 있다

① He can read French. 그는 프랑스어를 읽을 수 있다.
② It reads as follows. 다음과 같이 적혀 있다.

1772 rest
① 쉬다, 휴식 ② 나머지

① lie down and rest 누워서 쉬다
② He lived there for the rest of his life.
그는 여생을 그 곳에서 보냈다.

1773 **right**
① 오른쪽(의)　② 옳은
③ 권리　④ 바로, 즉시

① the right eye 오른쪽 눈
② Always do what is right. 항상 옳은 일을 해라.
③ human rights 인권
④ right after dinner 저녁 식사 후 즉시

1774 **run**
① 달리다　② 흐르다
③ 경영하다　④ (선거에)출마하다

① I ran ten miles. 나는 10마일을 달렸다.
② The stream runs clear. 그 개울은 맑게 흐른다.
③ She runs a hotel. 그녀는 호텔을 경영한다.
④ run for president 대통령에 입후보하다

1775 **safe**
① 안전한　② 금고

① a safe place to live in 살기에 안전한 장소
② break a safe 금고를 털다

1776 **save**
① 저축하다　② 구하다
③ (시간, 노력, 비용 등을)덜어주다, 줄이다

① save money for old age 노후를 위해 돈을 모으다
② He saved a drowning man. 그가 물에 빠진 사람을 구했다.
③ This shirt saves ironing. 이 셔츠는 다림질을 안해도 된다.

1777 short ① 짧은　　② 부족한, 부족, 결손

① for a short while 잠시 동안
② short weight 중량 부족, a short crop 흉작
◆ in short 간단히 말해서, 요컨대

1778 since ① ~ 이래로　　② ~ 때문에

① She's been unhappy since she left home.
그녀는 집을 떠난 이래로 줄곧 불행했다.
② Since you are tired, you should rest.
당신은 피곤하기 때문에 쉬어야 한다.

1779 sound ① 소리　　② 건강한, 건전한

① Sound travels slower than light.
소리는 빛보다 느리게 전달된다.
② A sound mind in a sound body. 격언
건전한 신체에 건전한 정신이 깃든다.

1780 spring ① 봄　② 용수철, 스프링　③ 튀어 오르다　④ 싹이 트다　⑤ 샘

① Spring has come. 봄이 왔다.
② wind a spring 태엽을 감다
③ spring out of bed 잠자리에서 뛰어 나오다
④ spring from seeds 씨에서 싹이 트다
⑤ a hot spring 온천

| 1781 | **stand** | ① 서다 | ② 참다, 견디다(tolerate) |

① **stand** straight 똑바로 서다
② I can't **stand** the cold 나는 이 추위에 견딜 수 없다.
  ◆ **stand for** 나타내다, 상징하다
    What does LP **stand for**? LP란 무슨 약어인가?

| 1782 | **state** | ① 상태 | ② 주, 국가 |
| | | ③ 말하다, 진술하다 | |

① the financial **state** of the company 그 회사의 재정 상태
② The United **States** of America 미합중국
③ as **stated** above 위에서 말한 바와 같이

1783	**still**	① 아직도	② 움직이지 않는
		③ (비교급의 강조)훨씬	④ 그럼에도 불구하고
		⑤ 조용한	

① I shudder **still** now. 아직도 몸서리가 난다.
② as **still** as a stone 돌처럼 움직이지 않는
③ **still** more 한층 더 한
④ He is old, **still** he is able. 그는 늙었지만 그래도 아직 유능하다.
⑤ **Still** waters run deep. 잔잔한 물이 깊다. 속담

| 1784 | **store** | ① 가게 | ② 저장(비축)하다 |

① a retail **store** 소매점
② **store** food for the winter 겨울에 대비해서 식량을 비축하다

1785 strike ① 치다 ② 파업(하다)

① He **struck** me on the head. 그는 내 머리를 쳤다.
② a general **strike** 총 파업

1786 such ① 그러한(such a(an)) ② ~와 같은(such as)

① I never saw **such a** sight. 나는 그런 광경을 본 적이 없었다.
② A plan **such as** he proposes is unrealistic.
그의 제안과 같은 계획은 비현실적이다.

1787 take ① 가져가다, 가지다 ② (차를)타다 ③ 시간이 걸리다 ④ (음식, 약 등을)먹다

① **Take** your umbrella with you. 우산을 가지고 가시오.
② **Take** a taxi. 택시를 타라.
③ It **takes** about 30 minutes to get there.
거기 도착하기까지 약 30분 정도 걸립니다.
④ **take** medicine 약을 먹다
◆ take measures 조치를 취하다   ◆ take notes 필기하다
◆ take part in ~에 참가(참여)하다   ◆ take care of ~을 돌보다
◆ take off ~(몸에 걸친 것을)벗다(↔ put on)

1788 tell ① 말하다 ② ~을 구별하다

① **tell** a lie 거짓말하다
② I can't **tell** him **from** his brother.
그와 그의 형과는 분간 할 수가 없다.

| 1789 | **tear** | ① 눈물 | ② (tear-tore-torn)찢다 |

① brust into tears 울음을 터뜨리다
② tear a piece of paper 종이를 찢다

| 1790 | **train** | ① 기차 | ② 훈련시키다 |

① travel by train 기차로 여행하다
② train a dog to bey 개가 말 잘 듣도록 훈련시키다

1791	**turn**	① 돌리다	② 차례, 순번
		③ 켜다(turn on)(↔turn off 끄다)	
		④ ~로 판명되다(turn out)	

① turn a wheel 차바퀴를 돌리다
② It's my turn to pay. 이번에는 내가 낼 차례다.
③ turn on the radio 라디오를 켜다
④ The rumor has turned out false.
 소문은 거짓말임이 판명되었다.

| 1792 | **very** | ① 매우 | ② 바로 그 |

① Thank you very much. 대단히 고맙습니다.
② That's the very item I was looking for.
 그게 바로 내가 찾던 아이템이다

| 1793 | **want** | ① 원하다 | ② 부족(하다) |

① Wanted a bookkeeper. 경리 사원 구함.
② want of water 물 부족

1794 well
① 잘　　　② 우물

① He speaks English **well**. 그는 영어를 잘 한다.
② a **well** of information 지식의 샘

1795 while
① ~하는 동안
② 반면에(문장 중간에서 comma(,) 뒤에 바로 나오는 경우)

① Don't phone me **while** I'm at office.
　회사에 있는 동안 전화를 걸지 말아 주시오.
② He has remained poor, **while** his brother has made a fortune.
　그는 여전히 가난하다, 반면에 그의 형은 한 밑천 잡았다.

1796 wind
① 바람　　　② 감다(wind-wound-wound)

① seasonal **winds** 계절풍
② She **wound** the bandage on his finger.
　그녀는 그의 손가락을 붕대로 감았다.
　cf. wound[wuːnd] 상처(입히다)

1797 work
① 일(하다)　　　② 효과가 있다
③ 작품

① We **works** 35 hours a week.
　우리들은 1주일에 35시간 일한다.
② Flattery will not **work** with her.
　그녀에게 아첨해 보았자 효과가 없을 것이다.
③ his latest **work** 그의 최신 작품

1798	**with**	① ~와 함께	② ~인 채로
		③ ~을 사용하여	④ ~을 가진
		⑤ ~ 때문에	

① Will you have dinner with me?
   저와 함께 식사를 하시겠습니까?
② He stood with a pipe in his mouth.
   그는 파이프를 입에 문 채 서 있었다.
③ cut with a knife 나이프로 자르다
④ a girl with curly hair 곱슬머리의 소녀
⑤ She jumped up with joy. 그녀는 기뻐서 팔짝팔짝 뛰었다.

1799	**without**	① ~없이	② ~이 없(었)다면 (가정법)

① without doubt 의심할 것도 없이
② Without his advice, I would have failed.
   그의 충고가 없었더라면 나는 실패했을 것이다.

1800	**yet**	① (부정문에서) 아직	② (의문문에서) 이제, 벌써
		③ 그러나	

① He have not come yet. 그는 아직 오지 않았다.
② Have you finished with the paper yet?
   이제 신문은 다 읽었습니까?
③ He is rich, yet modest. 그는 부자지만 겸손하다.

Check up (58th-60th day)

1) 다음 영어는 우리말로, 우리말은 영어로 쓰시오.(1-14)

1. esteem
2. proficient
3. administration
4. arrogant
5. famine
6. claim
7. company

8. 환자
9. 여가
10. 재산
11. 창백한
12. 세균
13. 가구
14. 외국의

2) 다음 빈 칸에 알맞은 단어를 쓰시오.(15-30)

15. a _____ shop 보석 가게
16. literary _____ 저작권
17. a house _____ 주택난
18. a _____ carrier 보균자
19. a sweet _____ 단맛
20. a _____ population 과잉 인구
21. a fishing _____ 낚싯대
22. at a _____ 할인하여
23. _____ a battery 배터리를 충전하다
24. a _____ of research 연구 분야
25. an editoral _____ (신문의)사설
26. an industrial _____ 산업 박람회
27. the _____ temperature 평균 온도
28. a mosquito _____ 모기장
29. _____ for president 대통령에 입후보하다
30. _____ me a flight to London. 런던행 비행기편을 예약해 주세요.

정답 1.존중하다 2.숙달된 3.관리 4.건방진 5.기근 6.요구하다 7.회사 8.patient 9.leisure 10.property 11.pale 12.germ 13.furniture 14.foreign 15.jewelry 16.property 17.famine 18.germ 19.flavor 20.surplus 21.pole 22.discount 23.charge 24.field 25.article 26.fair 27.mean 28.net 29.run 30.Book

◇ 서로 혼동하기 쉬운 어휘들 ◇

access[ǽkses] 접근(approch)
excess[eksés] 과잉(surplus)

adapt[ədǽpt] 적응시키다(fit)
adopt[ədápt] 채택하다, 양자로 삼다

affect[əfékt] 영향을 미치다
effect[ifékt] 영향, 효과

aid[eid] 도움(help)
aide[eid] 보조자(assistant)

hairless[héərlis] 털이 없는
heirless[ɛ́ərlis] 상속인이 없는

altar[ɔ́ːltər] 제단
alter[ɔ́ːltər] 바꾸다(change)

amend[əménd] 고치다
emend[iménd] (책을)교정하다

annual[ǽnjuəl] 일년을 단위로 하는(yearly)
annul[ənʌ́l] 취소하다(cancel)

argument[áːrgjumənt] 논쟁
augment[ɔːgmént] 증가하다(increase)

ascent[əsént] 상승
assent[əsént] 동의(agreement)

vocation[voukéiʃən] 본업, 천직(calling)
vacation[veikéiʃən] 휴가(holiday)

bandage[bǽndidʒ] 붕대
bondage[bándidʒ] 노예 상태(slavery)

bare[bɛər] 벌거벗은(naked)
bear[bɛər] 곰

bass[beis] 저음부
base[beis] 기초(foundation)

beside[bisáid] ~의 옆에(next to)
besides[bisáidz] ~이외에

elemental[eliméntl] 기본적인(basis)
elementary[eliméntəri] 초보의

ensure[enʃúər] 보장하다
insure[inʃúər] 보험에 들다(secure)

bloc[blɑk] 블럭, 권
block[blɑk] 덩어리

bust[bʌst] 부수다(break)
burst[bəːrst] 터지다(explode)

canvas[kǽnvəs] 강한 천
canvass[kǽnvəs] 선거운동하다(campaign)

collision[kəlíʒən] 충돌(crash)
collusion[kəlúːʒən] 공모(共謀)

command[kəmǽnd] 명하다
commend[kəménd] 칭찬하다(praise)

complement[kámpləmənt] 보충물
compliment[kámpləmənt] 찬사

condemn[kəndém] 비난하다(blame)
contemn[kəntém] 경멸하다

console[kənsóul] 위로하다(comfort)
condole[kəndóul] 애도하다

convey[kənvéi] 운반하다
convoy[kánvɔi] 호위하다(escort)

corps[kɔːr] 단체(group)
corpse[kɔːrps] 시체

daily[déili] 매일의(everyday)
dairy[déəri] 낙농장(dairy farm)
diary[dáiəri] 일기

decease[disíːs] 사망(death)
disease[dizíːz] 병(illness)

desert[dézərt] 사막
dessert[dizə́ːt] 후식

die[dai] 죽다
dye[dai] 염색하다

divers[dáivəːrz] 여러가지의(various)
diverse[divə́ːrs] 다른(different)

flagrant[fléigrənt] 명백한(obvious)
fragrant[fréigrənt] 향기로운

flatter[flǽtər] 아첨하다
flutter[flʌ́tər] 펄럭이다(wave)

forbear[fɔːrbɛ́ər] 참다(endure)
forebear[fɔ́ːrbɛər] 조상(ancestor)

gasp[gæsp] 숨을 헐떡이다
grasp[græsp] 붙잡다(hold)

genuine[dʒénjuin] 진짜의
genius[dʒíːnjən] 천재

hallow[hǽlou] ~을 신성하게 하다
hollow[hálou] 속이 비게 하다

human[hjúːmən] 사람의
humane[hjuːméin] 자비로운(merciful)

imprudent[imprúːrdənt] 경솔한
impudent[ímpjudənt] 뻔뻔스러운

indolent[índələnt] 게으른(lazy)
insolent[ínsələnt] 거만한

induce[indúːs] 유도하다
induct[indʌ́kt] 안내하다, 앉히다

intension[inténʃən] 긴장
intention[inténʃən] 의도

jealous[dʒéləs] 질투하는(envious)
zealous[zéləs] 열광적인

kneel[niːl] 무릎을 꿇다
knell[nel] 종소리

laud[lɔːd] 칭찬하다(praise)
loud[laud] 시끄러운(noisy)

loose[luːs] 풀어진
lose[luːz] 잃어버리다

massage[məsáːʒ] 안마
message[mesidʒ] 전갈

marvel [máːrvl] 경이로운
marble [máːrbl] 대리석

miserly [máizərli] 인색한
misery [mízəri] 비참한

moan [moun] 신음
mourn [mɔːrn] 슬퍼하다

personal [pə́rsinəl] 개인의 (individual)
personnel [pəːrsənnél] 전 직원

portable [pɔ́ːrtəbl] 휴대용의 (movable)
potable [póutəbl] 음료로적합 (drinkable)

pray [prei] 빌다 (leg)
prey [prei] 잡아먹다

principal [prínsəpəl] 주요한 (main)
principle [prínsəpl] 원리

raise [reiz] 올리다 (lift)
rise [rɑiz] 오르다, 증가하다

reflect [riflékt] 반사하다 (mirror)
refract [riflǽkt] 굴절시키다 (bend)

reign [rein] 통치 기간 (period of rule)
rein [rein] 고삐 (bridle)

route [ruːt] 길 (road)
root [ruːt] 뿌리

reality [riːǽləti] 현실
realty [ríːəlti] 부동산 (real estute)

saga [saːgə] 모험담
sage [seidʒ] 현인 (wiseman)

salon [səlán] 가게 (shop)
saloon [səlúːn] 술집 (bar)

sailer [séilər] 배 (ship)
sailor [séilər] 선원

saw [sɔː] 톱질하다
sow [sou] (씨를) 뿌리다
sew [sou] 꿰매다

severe [sivíər] 엄한 (strict)
sever [sévər] 끊다 (cut)

slander [slǽndər] 비방
slender [sléndər] 호리호리한

stationary [stéiʃəneri] 정지된 (fixed)
stationery [stéiʃəneri] 문구류

statue [stǽtʃuː] 상 (像)
status [stéitəs] 지위 (position)

tomb [toum] 무덤 (grave)
tome [tuːm] 큰 책 (large heavy book)

vague [veig] 모호한 (obscure)
vogue [voug] 유행 (fashion)

INDEX

A

abandon	177
abdominal	231
abide	202
ability	43
aboard	50
abolish	147
above	105
abroad	50
abrupt	135
absent	69
absent-minded	300
absolute	90
absorb	101
abstract	148
absurd	286
abuse	87
abuundant	130
academic	50
accelerate	293
accept	20
access	81
accident	48
accommodate	306
accompany	79
accomplish	284
according	13
account	132
accumulate	160
accurate	229
accuse	23
accustomed	231
achieve	29
acknowledge	125
acquire	207
across	233
activate	190
activity	79
actual	43
acute	95
adapt	22
address	91
adequate	230
adhere	233
adjust	100
administration	314
admire	185
admit	74
adolescent	311
adopt	23
adore	263
adult	28
advance	34
advantage	22
adventure	244
advertise	37
advertisement	37
advice	13
advise	13
advocate	189
affect	37
affirmative	270
afford	190
against	192
agency	253
aggressive	289
agree	17
agriculture	99
ahead	244
aid	75
aim	80
alarm	84
alarmed	84
alert	245
alien	175
allow	17
allude	312
ally	205
almost	191
aloud	130
already	49
alter	302
alternative	115
although	75
amazing	287
ambiguous	271
ambition	113
among	67
amount	171
amuse	167
analysis	20
analyze	20
ancestor	226
ancient	19
anniversary	55
announce	71
annoy	74
annual	286
anticipate	170
anxious	63
apiece	254
apologize	83
apparent	86
appeal	142
appear	21
appetite	135
applaud	203
appliance	148
appointment	71
appreciate	15
approach	47
appropriate	212
approve	181
approximately	243
aptitude	251
architecture	239
arctic	204
area	302
argue	36
argument	36
arrange	240
arrest	247
arrive	141
arrogant	316
article	322
artificial	223
ascend	180
ashamed	74
aside	183
asleep	184
aspect	39
assemble	181
asset	278
assign	186
assimilate	181
assist	54
associate	304
assume	59
assure	260
astonish	272
astronaut	259
astronomer	173
athlete	187
atmosphere	101
atomic	262
attach	54
attack	141
attempt	107
attention	35
attitude	50
attractive	78
attribute	257
audience	61
author	65
authority	109
autograph	294
automatic	248
automobile	101
available	52
avenue	200
average	32
avoid	13
award	48

aware	58	bottom	201	channel	191
awful	103	bow	129	chant	288
awkward	268	branch	187	characteristic	122
		bravery	275	charge	325
		break	324	charity	197
		breathe	82	charming	233

B

		bribe	156	chase	172
background	197	brief	148	chat	190
baggage	281	bright	25	cheat	161
balance	70	brighten	133	check	88
barbarian	307	brilliant	85	checkup	312
barely	199	brisk	284	cheer	164
bargain	311	broadcast	121	cheerful	72
bark	189	budget	303	chemical	47
barometer	317	burden	153	cherish	269
barren	317	burst	283	chief	295
barrier	113	bury	195	choose	30
base	220			chore	154
basis	154			circulate	192
beach	261			circumstance	185
beam	267			citizen	124

C

beast	186			civil	291
beat	135	cabin	310	civilization	41
beg	301	calculate	122	claim	315
behalf	100	calm	32	classify	124
behave	34	campaign	302	clerk	56
behavior	34	cancel	94	client	56
belief	41	cancer	254	climate	102
belong	82	candid	296	climb	35
below	198	candidate	182	clue	81
benefit	54	capable	89	coherent	189
beside	19	capital	89	collapse	167
bet	179	capture	196	collect	54
betray	174	career	83	colony	112
beverage	164	carefree	258	combat	241
beware	116	carry	290	combine	135
bewilder	40	carve	98	comfort	90
beyond	68	case	131	command	147
bid	208	cast	210	commence	197
bill	88	castle	247	comment	218
biography	273	casual	109	commerce	272
biology	73	categorize	180	commit	67
bit	241	cause	41	committee	84
blame	274	caution	186	common	109
bliss	149	cautious	56	communicate	17
blood	119	cave	268	community	237
bloom	305	cease	234	companion	97
boast	234	celebrate	57	company	324
boil	274	cell	175	compare	62
bold	182	census	296	compass	319
bomb	254	century	148	compel	299
bone	206	ceremony	75	compensate	256
border	263	certain	51	competent	189
boring	61	certificate	196	competition	133
bother	49	challenge	35	complain	28
		change	324		

349

complement	113	contrast	132	**D**	
complete	117	contribute	28		
complex	17	control	85		
compliment	291	controversial	319	damage	16
component	207	convenient	38	dangerous	132
compose	32	conventional	269	dawn	287
composer	32	conversation	48	deadline	312
comprehend	133	convert	190	deal	63
compromise	173	convey	162	debate	238
comrade	40	conviction	97	debt	215
conceal	95	convince	69	decade	160
concentrate	29	cooperate	159	decay	277
conception	92	correct	178	deceive	284
concern	37	correspond	249	decent	86
concise	224	cost	122	decide	9
conclude	111	costly	216	declare	212
concrete	308	cough	306	decline	173
condition	50	counsel	128	decorate	138
conduct	21	count	325	decrease	17
conference	265	course	304	dedicate	93
confess	192	court	153	defeat	185
confine	84	courtesy	302	defect	251
confirm	58	cover	326	defend	198
conflict	193	coward	273	deficient	214
confront	151	co-worker	294	define	70
confused	71	craft	134	definition	70
congestion	291	crash	192	degree	44
congratulate	279	create	9	delay	169
congress	255	creative	9	deliberately	158
connect	27	creature	9	delicate	98
conquer	208	credible	280	delicious	121
conscience	176	credit	291	delight	84
conscious	86	creep	172	deliver	155
consent	308	crew	227	demand	67
consequently	108	crime	309	democracy	119
conserve	61	crisis	42	demonstrate	125
consider	10	critical	64	density	151
consist	170	crop	27	dentist	241
consistent	308	crosswalk	88	deny	316
console	280	crowd	25	department	123
constant	142	crucial	153	departure	142
constitute	240	crude	278	depend	12
construct	64	cruel	132	deposit	283
consult	166	cube	279	depressed	12
consume	93	cultivate	254	deprive	105
contact	22	culture	11	derive	183
contain	127	cunning	209	descend	180
contaminate	242	cure	22	descendant	135
contemporary	60	curious	123	describe	59
content	228	currency	197	desert	161
contest	292	current	197	deserve	179
continent	144	coustom	326	design	34
continue	18	customer	172	desire	58
contract	77	cynical	294	despair	316
contrary	63			desperate	220

despite	112	distract	125	eliminate	191
destination	247	distribute	48	embarrass	42
destiny	246	district	276	embassy	255
destroy	79	disturb	63	emerge	59
destruct	175	diversity	110	emergency	101
detach	237	divide	58	emigrant	213
detail	52	document	298	emission	210
detect	222	domain	154	emotion	30
determine	49	domestic	206	emphasis	16
develop	10	dominate	112	emphasize	16
device	92	donation	79	employ	11
devil	269	doom	161	employment	11
devote	85	doubt	124	empty	201
dialect	181	dozen	119	enable	94
diameter	308	draft	255	enclose	133
difference	27	drag	247	encounter	25
dig	285	drain	90	encourage	50
digestion	237	drastic	261	end	327
dignity	284	draw	311	endanger	259
diligent	199	drift	183	endure	81
dim	199	drought	218	enemy	47
dimension	276	drown	227	enforce	267
diminish	292	due	281	engage	139
dip	204	dull	222	enhance	114
diplomatic	234	dumb	129	enjoy	216
direct	68	durable	115	enlighten	301
disabled	35	dust	300	enormous	290
disappear	19	duty	211	ensure	119
disappointed	27			entertain	87
disaster	26			enthusiastic	234
discard	210	# E		entire	123
discharge	293			entitle	189
discipline	66	eager	66	entrance	194
disclose	157	earn	80	envelope	230
discount	320	earnest	281	envious	38
discover	53	earthquake	177	environment	43
discriminate	159	eccentric	209	epidemic	276
discuss	10	economy	9	equip	214
disease	22	ecosystem	89	era	149
disgrace	174	edge	146	erase	268
disguise	276	edible	300	eruption	246
disgust	300	edit	216	escape	186
dish	326	educate	67	especially	53
dismiss	47	effect	9	essentiaul	18
dispense	294	effective	9	establish	97
display	178	efficient	214	estate	311
displease	168	effort	10	esteem	313
disposable	193	elaps	280	estimate	183
dispose	138	elastic	206	eternal	315
dispute	314	elderly	107	ethics	175
disregard	299	election	163	ethnic	38
dissolve	161	electricity	262	evaluate	143
distance	99	elegant	150	eventually	60
distinct	69	element	305	evidence	49
distinguish	110	elevate	266	evident	24

evil	158	facility	144	foggy	264
evolve	45	factor	157	foliage	274
evolution	45	fade	265	folk	276
exact	87	fail	77	forbear	286
exaggerate	166	faint	181	forbid	197
examination	128	fair	327	forecast	303
examine	128	faith	221	forefather	152
example	40	fake	205	foreign	320
excel	106	fall	327	forest	59
excellent	57	fame	113	foretell	256
except	63	familiar	26	forget	120
excessive	26	famine	317	forgive	28
exchange	89	fantastic	207	fortune	223
excited	232	fare	94	fortunetelling	277
exclaim	286	farewell	246	foster	290
exclude	127	fascinate	226	foundation	171
excuse	208	fasten	185	free	328
executive	126	fatal	139	fragile	132
exercise	59	fate	245	frame	115
exert	239	fault	220	frank	92
exhaust	230	favor	99	frequently	155
exhibit	123	fear	317	frighten	145
exist	45	feature	83	frustrate	160
existance	45	fee	93	fuel	245
exit	104	feed	140	fulfil	293
exotic	243	female	64	function	220
expand	133	feminine	275	fund	188
expanse	205	fertile	225	fundamental	266
expect	41	festival	117	funeral	158
expel	225	fever	101	funnny	232
expensive	114	fiction	289	furnish	244
experience	15	fierce	177	furniture	318
experiment	75	field	329	further	92
expert	70	figure	328	fury	186
explain	20	finally	144		
explanation	20	finance	229		
explore	267	finish	141	# G	
explosion	180	firm	117		
export	122	fitness	102		
expose	221	fix	163	gain	97
exposure	221	flat	42	gamble	245
expression	11	flatter	282	gap	315
express	11	flavor	316	garage	223
expressive	11	flesh	288	garbage	115
extent	211	flexible	93	gather	77
external	281	flight	58	gaze	305
extinguish	111	float	198	gene	78
extra	216	flood	74	general	36
extract	223	florist	243	generate	137
extraordinary	279	flourish	87	generous	219
extreme	176	flow	47	genetic	116
		flu	268	genius	229
# F		fluently	137	genre	93
		fluid	269	gentle	309
		focus	30	genuine	177

geography	289	headache	72	include	18
geometry	270	heal	49	income	269
germ	318	healty	264	increase	17
gesture	306	heaven	317	incredible	304
gesture	306	height	166	incur	120
gift	329	hell	156	indeed	15
glacier	290	hence	167	indicate	106
glance	244	heredity	201	indifferent	23
glare	286	heritage	231	indispensible	289
global	174	hesitate	306	individual	33
gloomy	224	hide	70	induce	250
glory	259	hindrance	320	industry	81
glow	209	hire	127	infant	146
goal	44	hobby	235	infect	271
gorgeous	250	hold	107	inferior	203
govern	29	honesty	161	infinite	221
government	29	honor	64	influence	15
grab	99	horizon	228	informal	214
gradually	228	horrible	139	information	39
graduate	45	hospitality	240	inform	168
grant	157	host	76	inhabit	193
grasp	309	hostility	155	inherit	169
grateful	285	huge	165	injure	166
gratitude	116	humble	164	initial	296
gravity	262	humid	102	innocent	65
graze	164	humor	45	inquire	146
greed	247	humorous	56	insane	209
greet	55	hurt	202	insect	143
grief	196	hygiene	117	insight	312
grocery	191	hypothesis	297	insist	71
ground	330			inspect	137
growth	219			install	298
guarantee	295	**I**		instance	31
guard	131			instant	257
guess	52	ideal	126	instead	14
guilty	65	identify	29	instinct	44
		identity	29	institute	246
		identification	29	instructive	156
H		ignore	21	instrument	228
		ignorance	21	insult	196
habit	103	illustrate	124	intellect	164
habitat	173	imagine	57	intelligence	241
halt	258	imitation	211	intend	36
handicapped	169	immediately	43	intensive	242
handle	182	immigrant	46	intent	195
hang	299	impact	203	interact	151
hardly	69	imperative	96	intercourse	152
hardship	226	imply	199	interest	331
harm	73	impolite	40	interfere	298
harmony	55	impose	270	interpret	253
harsh	173	impressive	65	interrupt	118
harvest	39	improve	11	interval	168
haste	204	impulse	163	interview	120
hate	172	incentive	262	intimate	240
hazard	206	incident	202	introduce	104, 162

invade	145	lecture	296	measure	46
invaluable	35	legal	217	mechanical	307
invent	52	legend	194	medicine	44
invest	188	legislation	289	melancholy	238
investigate	240	leisure	314	melt	202
invite	60	length	178	mental	97
involve	23	lessen	307	mention	210
irritate	84	letter	331	merchandise	278
isolate	292	liable	93	merchant	236
issue	134	liberty	109	merciful	103
item	190	license	83	merely	196
		lick	318	merit	106
		light	101	mess	270
		likewise	289	method	37
		limit	11	microscope	128

J

		liquid	224	migrate	274
jealousy	171	literature	243	military	311
jewel	313	loan	247	minimize	193
journal	88	local	53	minister	252
journalist	265	locate	163	miracle	244
journey	109	lock	292	mirror	295
judge	79	log	250	miserly	280
junk	112	logical	272	misery	137
justice	114	lonely	14	misfortune	120
justify	146	lose	50	mist	258
		lower	112	mistake	100
		loyal	220	mixture	255
		luxury	249	moderate	235

K

				modern	193
		## M		modest	233
keen	129			modify	243
kingdom	234			moisture	188
kneel	291	magnificent	96	mold	215
knowledge	13	magnify	244	mole	277
		main	25	monopoly	104
		maintain	64	monotonous	183

L

		majority	102	monument	91
labor	154	male	62	mood	231
laboratory	117	manage	53	moral	204
lack	74	mankind	48	moreover	110
land		manner	235	mortal	230
landscape	102	manufacture	130	motion	176
language	270	marble	313	motivate	118
lapse	267	margin	224	movement	108
last		marine	235	multiply	118
launch	132	mass	307	murder	212
lawsuit	192	masterpiece	206	muscle	303
lawyer	152	match	116	mutual	229
lay	231	material	76	mystery	241
layer	53	matter	333	myth	68
leak	62	mature	192		
lean	179	maximize	194		
leap	217	mean	332	## N	
lease	249	meaningful	83	naked	188
leather	245	meanwhile	48	nap	147
leave	331				

narrow	82	omit	288	pause	251
nationality	137	operate	140	pavement	225
native	107	operation	56	pedestrian	269
nature	334	opinion	187	peer	171
naughty	114	opportunity	50	penetrate	277
navigator	156	opposite	16	peninsula	219
nearly	276	optimistic	172	perceive	52
neat	171	order	114	perfect	131
necessary	15	ordinary	76	perform	57
negative	38	organ	226	perfume	250
neglect	222	organization	105	perhaps	115
negotiate	252	orientation	146	period	60
nervous	18	origin	68	permanent	256
net	335	otherwise	310	permit	182
neutral	176	outcome	308	persist	308
nevertheless	39	outlook	221	personal	280
noble	319	output	235	personality	178
nod	150	outrage	238	perspective	141
noise	62	outstanding	53	persuade	38
normal	53	overall	209	persuasive	38
notable	163	overcome	73	pessimistic	172
note	282	overeat	152	pet	200
notice	16	overhear	303	pharmacist	72
notify	280	overlook	130	pharmacy	225
notion	290	overseas	196	phase	196
notorious	103	overtake	188	phenomenon	263
nourish	273	overwhelm	150	philosophy	251
nuclear	217	owe	70	physical	42
numerous	86	own	153	pierce	268
nurture	279			pile	142
nutrition	144			pioneer	215

P

		pace	126	pity	272
		package	56	plague	212
O		pain	60	plain	187
		pale	315	planet	161
obey	275	panic	233	pleasant	84
object	46	paradise	136	please	261
obligate	172	parallel	297	pledge	129
oblige	117	paralyze	207	plenty	59
obscure	139	park	335	plot	144
observe	100	partial	320	proud	232
obstacle	125	participate	41	plumber	269
obstinate	306	particle	156	poet	47
obtain	167	particular	147	point	174
obvious	158	passenger	88	poison	96
occasion	66	passion	251	pole	318
occupatin	168	passive	82	policy	86
occupy	64	pastime	284	polish	214
occur	69	patent	273	polite	20
offend	293	path	276	political	153
offer	19	patient	191	pollute	57
officer	159	patriotism	131	pond	319
official	125	pattern	134	popular	44
offspring	260			population	87
old-fashioned	199			portable	259

portion	149	project	54	rare	95
portray	260	prolong	274	rate	167
position	299	prominent	137	rational	201
positive	39	promise	76	raw	320
possess	127	promote	43	ray	241
possible	31	prompt	287	reach	252
postcard	72	pronunciation	293	react	250
postpone	268	proper	240	realistic	159
potent	210	property	315	realize	12
potential	55	proportion	299	reap	226
pour	134	propose	128	rear	261
poverty	305	prose	193	reasonable	227
practical	128	prospect	292	rebel	255
praise	82	prosperous	173	recall	252
pray	121	protect	11	receive	78
precious	80	protest	169	recent	85
precise	217	prove	15	receip	184
predict	159	proverb	120	reception	288
predominant	175	provide	48	recharge	310
prefer	45	provoke	168	recipe	301
prejudice	27	prudent	255	recite	191
prepare	34	psychology	220	reckless	273
prescription	89	public	13	recognize	21
present	335	publish	22	recommend	14
presentation	140	pulse	274	record	40
preserve	86	punctual	165	recover	320
president	205	punish	73	recreation	188
pressure	80	pupil	271	recruit	285
pretend	166	purchase	278	rectangular	119
pretty	336	pure	89	recycle	73
prevail	311	purpose	46	reduce	32
prevent	34	puzzle	272	refer	266
previous	81	physical	42	refine	259
prey	94			reflect	55
priceless	304			reform	90
primary	143	**Q**		refresh	98
prime	134			refrigerator	159
primitive	201	qualification	118	refuge	184
principal	239	quality	33	refund	162
principle	261	quantity	33	refuse	108
prior	157	questionnaire	130	regard	140
prison	273	quick	123	regardless	157
private	26	quit	32	region	155
privilege	119			register	223
probably	99			regret	23
procedure	236	**R**		regular	66
process	158			regulate	169
produce	31	racial	319	rehearsal	152
product	31	radical	225	reinforce	215
professional	258	rage	241	reject	228
proficient	314	rainy	152	relationship	31
profit	155	raise	224	relate	31
profound	242	range	124	relative	31,154
progress	118	rank	237	relax	10
prohibit	91	rapid	139	relaxed	10

356

release	76	revise	141	seek	213
reliable	221	revival	108	seemingly	165
relieve	75	revolt	300	seize	257
religion	67	revolution	60	seldom	66
rely	134	reward	305	select	62
remain	13	rid	144	self-confidence	89
remark	95	riddle	266	self-conscious	318
remarkable	266	ridiculous	162	selfish	150
remedy	312	rigid	177	send	277
remember	113	ripe	242	senior	143
remind	30	risk	142	sensational	280
remindful	222	roam	316	sensitive	160
remodel	312	role	9	sentence	211
remote	239	romantic	88	separate	30
remove	127	rough	50	sequence	281
render	105	route	95	serious	38
renew	298	routine	254	settle	212
rent	120	royal	206	severe	66
repair	124	rude	110	shadow	145
repeat	215	ruin	185	shame	253
repel	231	rule	77	shape	46
replace	84	rumor	229	share	43
reply	254	rush	194	shave	313
represent	77			shelter	103
reproduce	52			shift	99
republic	283	**S**		shoot	237
reputation	276			shortage	271
request	65	sacred	80	shower	72
require	12	sacrifice	167	shrink	102
rescue	257	sail	244	shrug	301
research	28	sake	204	shy	222
researcher	28	sanitary	198	sigh	304
resemble	236	satellite	239	sight	201
resentful	180	satisfy	68	sightseeing	56
reserve	176	savage	215	signal	287
resident	175	save	337	significant	16
resign	163	saw	249	silent	217
resist	108	scared	263	silly	166
resolute	284	scary	263	similar	71
resort	248	scatter	271	simultaneous	140
resource	47	scene	187	sin	65
respect	61	scent	154	sincerely	239
respond	78	scheme	198	sink	137
responsible	61	scholarship	98	site	265
restore	126	scientific	116	situation	18
restrain	101	scold	246	skeptical	149
restrict	242	scout	297	skill	138
result	50	scratch	261	skip	260
resume	310	scream	256	slam	319
retire	100	sculpture	297	slave	160
retreat	310	search	145	slender	205
reunion	282	secret	178	slight	156
reveal	122	secretary	150	slip	146
revenge	265	secure	114	smooth	199
reverse	165	seed	97	soak	260

sob	225	stick	177	surface	195
sociable	264	stimulate	18	surpass	205
social	42	sting	202	surplus	314
society	42	stir	309	surprise	20
soil	76	stomach	90	surround	107
solar	249	store	339	survey	102
solemn	208	straight	213	survive	106
solid	234	strain	239	suspect	144
solitary	278	strategy	181	suspend	110
solution	116	stream	252	sustain	295
somehow	294	stress	200	swallow	94
sore	148	stretch	148	swear	113
sorrow	91	strict	265	sweep	143
sort	162	strike	340	swell	313
soul	164	strive	263	swift	307
sound	338	stroll	257	sword	195
source	70	structure	77	symbol	121
sow	131	struggle	162	symmetry	226
spare	106	stubborn	143	sympathy	227
sparkle	283	stuff	304	symptom	96
specialize	219	stumble	139	system	103
species	108	stupid	187		
specific	179	subconscious	149		

T

specimen	218	subject	32		
speculate	207	subjective	32		
speech	174	submit	87	taboo	213
spend	14	subscribe	147	talent	214
sphere	287	substance	218	task	96
spicy	221	substitute	179	taste	74
spill	207	subtle	282	tax	238
spirit	39	subtract	105	technology	253
splash	303	suburb	111	tedious	310
spoil	170	subway	40	telescope	126
spot	75	succeed	111	temper	306
spread	55	suddenly	69	temperature	246
spring	338	suffer	33	temporary	133
square	121	sufficient	82	tempt	129
stable	237	suggest	14	tend	78
stage	37	suicide	135	tender	230
stain	125	suit	96	tense	197
stand	339	suitcase	312	term	279
standard	213	sum	188	terminate	236
stare	227	summary	35	terrible	27
startle	238	summit	91	terrific	238
starve	212	superb	307	testimony	197
state	339	superficial	247	theme	187
statue	130	superior	203	theory	236
status	113	superstition	141	therapy	123
stay	160	supervise	287	therefore	60
steady	175	supplement	145	thorough	229
steal	150	supply	67	thought	19
steep	208	support	49	threat	170
steer	182	suppose	37	thrift	285
stem	260	suppress	267	thrill	284
sterile	298	supreme	292	throat	35

358

throughout	26	unpleasant	24	wage	62
throw	266	upcoming	200	wander	171
thus	45	upset	14	warehouse	286
tide	294	urban	111	warn	194
tie	189	urge	90	warrant	209
tight	229	utility	79	warranty	56
timid	190	utmost	129	waste	36
tiny	98			wasteful	36
tolerate	245			wave	301
tomb	203			weaken	151
tool	256			wealth	149
tough	262			weapon	278
toward	116	vacant	178	weed	309
trace	235	vacancy	72	weep	170
tradition	44	vacuum	303	weigh	135
traffic	105	vague	316	welfare	170
tragedy	190	vain	297	whereas	85
train	341	valid	204	whole	42
trait	162	valuable	35	wholesale	258
transfer	186	value	98	widespread	157
transform	195	vanish	291	wind	342
transient	217	various	16	wipe	115
transition	253	vast	210	wire	282
translate	92	vehicle	218	wisdom	145
transmit	285	veil	151	withdraw	219
transparent	211	vend	262	withstand	161
transport	176	venture	169	witness	98
transportation	85	verbal	295	witty	261
trap	259	verse	192	wonder	31
treasure	209	versus	182	worm	182
treat	28	vertical	224	work	342
tremendous	95	via	216	worsen	314
trend	149	vice	147	worship	151
trial	92	victim	202	worth	165
tribe	271	view	38	wrap	94
trick	58	vigorous	286	wreck	270
trim	250	village	299	wrinkle	103
triumph	223	violate	275		
trivial	137	violent	91		
tropical	91	visible	71		
trust	119	vision	213		
tuition	262	visual	112	yeild	160
typical	84	vital	219	youth	107
		vivid	317		
		vocabulary	109		
		vocation	236		
ultimate	302	volcano	252		
unable	120	volume	274	zeal	263
undergo	148	volunteer	25		
unfortunate	216	vote	208		
union	198	vow	315		
unique	54	voyage	150		
universe	92				
unless	216				

U

V

W

Y

Z

359

I can 핵심 영단어